दीप-शिखा

दीप-शिखा

महादेवी वर्मा

लोकभारती प्रकाशन

लोकभारती प्रकाशन
पहली मंजिल, दरबारी बिल्डिंग, महात्मा गांधी मार्ग
प्रयागराज-211 001

वेबसाइट : www.lokbhartiprakashan.com
ईमेल : info@lokbhartiprakashan.com

शाखाएँ : 1-बी, नेताजी सुभाष मार्ग, दरियागंज
नई दिल्ली-110 002
अशोक राजपथ, साइंस कॉलेज के सामने
पटना-800 006
1, अनमोल सोराबजी संतुक लेन, धोबी तलाव,
मरीन लाइंस, मुम्बई-400 002

पहला संस्करण : 1942
वर्तमान संस्करण : 2024

मूल्य : ₹ 595

बी.के. ऑफसेट
नवीन शाहदरा, दिल्ली-110 032
द्वारा मुद्रित

DEEP-SHIKHA
by Mahadevi Verma

ISBN : 978-81-8031-119-2

पंक्ति-क्रम

चिन्तन के कुछ क्षण

सत्य काव्य का साध्य और सौन्दर्य साधन है। एक अपनी एकता में असीम रहता है और दूसरा अपनी अनेकता में अनन्त। इसी से साधन के परिचय-स्निग्ध खण्डरूप से साध्य की विस्मयभरी अखण्ड स्थिति तक पहुँचने का क्रम आनन्द की लहर-पर-लहर उठाता हुआ चलता है।

इस व्यापक सत्य के साथ हमारी सीमा का सम्बन्ध कुछ जटिल-सा है। हमारी दृष्टि के सामने क्षितिज तक जो अनन्त विस्तार फैला हुआ है वह मिट नहीं सकता, पर हम अपनी आँख के तिल के सामने एक छोटा-सा तिनका भी खड़ा करके, उसे इन्द्रजाल के समान ही अपने लिए लुप्त कर सकते हैं। फिर जब तक हम उसे अपनी आँख से कुछ अन्तर पर एक विशेष स्थिति में, उस विस्तार के साथ रख कर न देखें तब तक हमारे लिए वह क्षितिजव्यापी विस्तार नहीं के बराबर है। केवल तिनका ही हमारी दृष्टि की सीमा को सब ओर से घेर कर विराट बन जायेगा। परन्तु उस तृण विशेष पर ही नहीं, लता, वृक्ष, खेत, वन आदि सभी खण्डरूपों पर ठहरती हमारी दृष्टि उस विस्तार का ज्ञान करा सकती है। बिना रूपों की सीमा के उस असीम विस्तार का बोध होना कठिन है और विस्तार की व्यापक पीठिका के अभाव में उन रूपों की अनेकात्मकता की अनुभूति सम्भव नहीं। अखण्ड सत्य के साथ हमारी स्थिति भी बहुत कुछ ऐसी ही रहती है। उसका जितना अंश हम अपनी सीमा से घेर सकते हैं उसे ऐसी स्थिति में रख कर देखना आवश्यक हो जाता है जहाँ वह हमारी सीमा में रहकर भी सत्य की व्यापकता में अपनी निश्चित स्थिति बनाये रहे। व्यक्ति की सीमा में तो सत्य की ऐसी दोहरी स्थिति सहज ही नहीं स्वाभाविक भी है। अन्यथा उसे तत्वतः ग्रहण करना सम्भव न हो सकेगा। परन्तु खण्ड में अखण्ड की इस स्थिति को प्रेषणीय बना लेना दुष्कर नहीं तो कठिन अवश्य है। आकार की रेखाओं की संख्या, लम्बाई-चौड़ाई, हल्का-भारीपन आदि गणित के अंकों में बाँधे जा सकते हैं, परन्तु रेखा से परिणाम तक व्याप्त सजीवता का परिचय, संख्या, मात्रा या तौल से नहीं दिया जा सकता। आकार को ठीक नाप-जोख के साथ दूसरे तक पहुँचा देना जितना सहज है, जीवन को सम्पूर्ण अतुलनीयता के साथ दूसरे को दे सकना उतना ही कठिन।

सत्य की व्यापकता में से हम चाहे जिस अंश को ग्रहण करें वह हमारी सीमा में बँध कर व्यष्टिगत हो ही जाता है और इस स्थिति में हमारी सीमा के साथ सापेक्ष पर अपनी व्यापकता में निरपेक्ष बना रहता है। दूसरे के निकट हमारी सीमा से घिरा सत्य हमारा रह कर ही अपना परिचय देना चाहता है और दूसरा हमें तौल कर ही उस सत्य का मूल्य आँकने की इच्छा रखता है। इतना ही नहीं, उसकी तुला पर रुचिवैचित्र्य,

संस्कार, स्वार्थ आदि के न जाने कितने पासंगों की उपस्थिति भी संभव है, अतः सत्य के सापेक्ष ही नहीं निरपेक्ष मूल्य के संबंध में भी अनेक मतभेद उत्पन्न हो जाते हैं।

इसके अतिरिक्त मनुष्य की चिर अतृप्त जिज्ञासा भी कुछ कम नहीं रोकती-टोकती। 'हमने अमुक वस्तु को अमुक स्थिति में पाया' इतना कथन ही पर्याप्त नहीं, क्योंकि सुनने वाला कहाँ-कहाँ कहकर उसे अपने प्रत्यक्ष ज्ञान की परिधि में बाँध लेने को व्याकुल हो उठेगा। अब यदि वह हमारी ही स्थिति में, हमारे ही दृष्टिकोण से उसे न देख सके तो वह वस्तु कुछ भिन्न भी लग सकती है और तब विवाद की कभी न टूटने वाली श्रृंखला में नित्य नई कड़ियाँ जुड़ने लगेंगी। बाह्य जीवन में तो यह समस्या किसी अंश तक सरल की भी जा सकती है, परन्तु अन्तर्जगत में इसे सुलझा लेना सदा ही कठिन रहा है।

इस सत्य सम्बन्धी उलझन को सुलझाने के लिए जीवन न ठहर सकता है और न इसे छोड़ कर आगे बढ़ सकता है, अतः वह सुलझाता हुआ चलता है। बाह्य जीवन में राजनीति, समाज-शासन, धर्म आदि इतिवृत्त के समान सत्य का परिचय भर देते चलते हैं। मनुष्य की हठीली जिज्ञासा किसी ग्रन्थि को पकड़ कर रुक न जाय, इस भय से उन्होंने प्रत्येक ग्रन्थि पर अनुग्रह और दण्ड की इतनी चिकनाहट लगा दी है जिससे हाथ फिसल भर जाये। कहीं महाभाष्य के समान बहुत विस्तार में उलझे हुए और कहीं सूत्रों के समान संक्षिप्त रूप में सुलझे हुए सिद्धान्त कभी सत्य के संग्रहालय-जैसे जान पड़ते हैं और कभी अस्त्रागार-जैसे; कहीं सत्य की विकलांग मूर्तियों को स्मरण करा देते हैं और कहीं अधूरे रेखाचित्रों का; पर व्यापक स्पन्दित सत्य का अभाव नहीं दूर कर पाते। मनुष्य के बाह्य जीवन की निर्धनता देखने के लिए वे सहस्राक्ष बनने पर बाध्य हैं और उसके अन्तर्जगत के वैभव के लिए धृतराष्ट्र होने पर विवश।

हमारी बुद्धिवृत्ति बाहर के स्थूलतम बिन्दु से लेकर भीतर के सूक्ष्मतम बिन्दु तक जीवन को एक अर्धवृत्त में घेर सकती है, परन्तु दूसरा अर्धवृत्त बनाने के लिए हमारी रागात्मिकता वृत्ति ही अपेक्षित रहेगी। हमारे भावक्षेत्र और ज्ञानक्षेत्र की स्थिति पृथ्वी के दो गोलार्द्धों के समान है जो मिलकर भूगोल को पूर्णता देते हैं और अकेले आधा संसार ही घेर सकते हैं। एक ओर का भूखण्ड दूसरे का पूरक बना रहने के लिए ही उसे अन्तर पर रखकर अपनी दृष्टि का विषय नहीं बना पाता; परन्तु इससे दोनों में से किसी की भी स्थिति संदिग्ध नहीं हो जाती।

हमारी बुद्धि और रागात्मिकता वृत्ति के दो अर्धवृत्तों से घिरे सत्य के सम्बन्ध में भी यही सत्य रहेगा। हमारे व्यावहारिक जीवन का प्रत्येक कार्य, संकल्प-विकल्प, कल्पना-स्वप्न, सुख-दुख आदि की भिन्नवर्णी कड़ियों वाली श्रृंखला के एक सिरे में झूलता रहता है। इस श्रृंखला की प्रायः सभी कड़ियों की स्थिति अन्तर्जगत में ही सम्भव है। व्यवहार-जगत केवल कार्य से सम्बन्ध रखता है, बुद्धि कार्य के स्थूल ज्ञान से लेकर उसे जन्म देने वाले सूक्ष्म विचार तक जानती है और हृदय तज्जनित सुख-दुःख से लेकर स्वप्न-कल्पना तक की अनुभूतियाँ संचित करता है। इस प्रकार बाह्य-

जीवन की सीमा में वामन-जैसा लगने वाला कार्य भी हमारे अन्तर्जगत की असीमता में बढ़ते-बढ़ते विराट हो सकता है।

बहिर्जगत अन्तर्जगत तक फैले और ज्ञान तथा भावक्षेत्र में समान रूप से व्याप्त सत्य की सहज अभिव्यक्ति के लिए माध्यम खोजते-खोजते ही मनुष्य ने काव्य और कलाओं का आविष्कार कर लिया होगा। कला सत्य को ज्ञान के सिकता-विस्तार में नहीं खोजता; अनुभूति की सरिता के तट से एक विशेष बिन्दु पर ग्रहण करती है। तट पर एक ही स्थान पर बैठे रह कर भी हम असंख्य नई तरंगों को सामने आते और पुरानी लहरों को आगे जाते देखकर नदी से परिचित हो जाते हैं, वह किस पर्वतीय उद्‌गम से निकल कर, कहाँ-कहाँ बहती हुई किस समुद्र की अगाध तरलता में विलीन हो जाती है, यह प्रत्यक्ष न होने पर भी हमारी अनुभूति में नदी पूर्ण है और रहेगी। जब हम कहते हैं कि 'हमने एक ओर चाँदी की धूल-जैसी झिलमिलाती बालू और दूसरी ओर दूर हरीतिमा में तट-रेखा बनाती हुई अथाह नील जल से भरी नदी देखी' तब सुनने वाला कोई प्रचलित नाप-जोख नहीं माँगता। हमने इतने गज प्रवाह नापा है, इतने सौ लहरें गिनी हैं, इतने फीट गहराई नापी है, इतने सेर पानी तोला है आदि-आदि नाप-तोल न बता कर भी हम नदी का ठीक परिचय दूसरे के हृदय तक पहुँचा देते हैं। सुनने वाला इस नदी को ही नहीं उसके शाश्वत सौन्दर्य को भी प्रत्यक्ष पाकर एक ऐसे आनन्द की स्थिति में पहुँच जाता है जहाँ गणित के अंकों में बँधी नाप-जोख के लिए स्थान नहीं।

मस्तिष्क और हृदय परस्पर पूरक रह कर भी एक ही पथ से नहीं चलते। बुद्धि में समानान्तर पर चलने वाली भिन्न-भिन्न श्रेणियाँ हैं और अनुभूति में एकतारता लिये गहराई। ज्ञान के क्षेत्र में एक छोटी रेखा के नीचे उससे बड़ी रेखा खींच कर पहली का छोटा और भिन्न अस्तित्व दिखाया जा सकता है। इसके असंख्य उदाहरण, विज्ञान जीवन की स्थूल सीमा में और दर्शन जीवन की सूक्ष्म असीमता में दे चुका है। पर अनुभूति के क्षेत्र में एक की स्थिति से नीचे और अधिक गहराई में उतर कर भी हम उसके साथ एक ही रेखा पर रहते हैं। एक वस्तु को एक व्यक्ति अपनी स्थिति-विशेष में अपने विशेष दृष्टि-बिन्दु से देखता है। दूसरा अपने धरातल पर अपने से और तीसरा अपनी सीमा रेखा पर अपने से। तीनों ने वस्तु-विशेष को जिन विशेष दृष्टिकोणों से, जिन विभिन्न परिस्थितियों में देखा है वे उनके तद्विषयक ज्ञान को भी भिन्न रेखाओं से घेर लेंगी। इस विभिन्न रेखाओं के नीचे ज्ञान के एक सामान्य धरातल की स्थिति है अवश्य, परन्तु वह अपनी एकता के परिचय के लिए ही इस अनेकता को सँभाले रहती है।

अनुभूति के सम्बन्ध में यह कठिनाई सरल हो जाती है। एक व्यक्ति अपने दुःख को बहुत तीव्रता से अनुभव कर रहा है। उसके निकट आत्मीय की अनुभूति में तीव्रता की मात्रा कुछ घट जायेगी और साधारण मित्र में उसका और भी न्यून हो जाना संभव है। पर जहाँ तक दुःख के सामान्य संवेदन का प्रश्न है वे तीनों एक ही रेखा पर,

निकट, दूर, अधिक दूर की स्थिति में रहेंगे। हाँ जब उनमें से कोई उस दुःख को, अनुभूति के क्षेत्र से निकाल कर बौद्धिक धरातल पर रख लेगा तब कथा ही दूसरी हो जायेगी। अनुभूति अपनी सीमा में जितनी सबल है उतनी बुद्धि नहीं। हमारे स्वयं जलने की हल्की अनुभूति भी दूसरे के राख हो जाने के ज्ञान से अधिक स्थायी रहती है।

बुद्धिवृत्ति अपने विषय को ज्ञान के अनन्त विस्तार के साथ रखकर देखती है, अतः व्यष्टिगत सीमा में उसका संदिग्ध हो उठना स्वाभाविक ही रहेगा। 'अमुक ने धूम देकर अग्नि पाई' की जितनी आवृत्तियाँ होंगी हमारा धूम और अग्नि की सापेक्षता विषयक ज्ञान उतनी ही निश्चित स्थिति पा सकेगा। पर अपने विषय पर केन्द्रित होकर उसे जीवन की अनन्त गहराई तक ले जाना अनुभूति का लक्ष्य रहता है, इसी से हमारी व्यक्तिगत अनुभूति जितनी निकट और तीव्र होगी दूसरे का अनुभूत सत्य हमारे समीप उतना ही असंदिग्ध होकर आ सकेगा। 'तुमने जिसे पानी समझा वह बालू की चमक है,' 'तुमने जिसे काला देखा वह नीला है,' 'तुमने जिसे कोमल पाया वह कठोर है' आदि-आदि कहकर हम दूसरे में, स्वयं उसी के इन्द्रियजन्य ज्ञान के प्रति, अविश्वास उत्पन्न कर सकते हैं, परन्तु 'तुम्हें जो काँटा चुभने की पीड़ा हुई वह भ्रान्ति है' यह हमसे असंख्य बार सुनकर भी कोई अपनी पीड़ा के अस्तित्व में संदेह नहीं करेगा।

जीवन के निश्चित बिन्दुओं को जोड़ने का कार्य हमारा मस्तिष्क कर लेता है, पर इस क्रम से बनी परिधि में सजीवता के रंग भरने की क्षमता हृदय में ही संभव है। काव्य या कला मानों इन दोनों का सन्धिपत्र है; जिसके अनुसार बुद्धिवृत्ति झीने वायु-मण्डल के समान बिना भार डाले हुए ही जीवन पर फैली रहती है और रागात्मिका वृत्ति उसके धरातल पर, सत्य को अनन्त रंगरूपों में चिर नवीन स्थिति देती रहती है। अतः कला का सत्य जीवन की परिधि में सौन्दर्य के माध्यम दूसरा व्यक्त अखण्ड सत्य है।

सौन्दर्य सम्बन्धी समस्या भी कुछ कम उलझी हुई नहीं है। बाह्य जगत अनेक रूपात्मक है और उन रूपों का, सुन्दर तथा कुरूप में एक व्यावहारिक वर्गीकरण भी हो चुका है। क्या कला इसी वर्गीकरण की परिधि में आने वाले सौन्दर्य को ही सत्य का माध्यम बना कर शेष को छोड़ दे। केवल बाह्य रेखाओं और रंगों का सामंजस्य ही सौन्दर्य कहा जावे तो प्रत्येक भूखण्ड का मानव-समाज ही नहीं प्रत्येक व्यक्ति भी अपनी रुचि में दूसरे से भिन्न मिलेगा। किसके रुचिवैचित्र्य के अनुसार सामंजस्य की परिभाषा बनाई जावे यह प्रश्न सत्य से भी जटिल हो उठेगा।

सत्य की प्राप्ति के लिए काव्य और कलाएँ जिस सौन्दर्य का सहारा लेते हैं वह जीवन की पूर्णतम अभिव्यक्ति पर आश्रित है केवल बाह्य रूप-रेखा पर नहीं। प्रकृति का अनन्त वैभव, प्राणिजगत की अनेकात्मक गतिशीलता, अन्तर्जगत की रहस्यमयी विविधता सब कुछ इसके सौन्दर्य कोश के अन्तर्गत है और इसमें से क्षुद्रतम वस्तु के लिए भी ऐसे भारी मुहूर्त आ उपस्थित होते हैं जिनमें वह पर्वत के समकक्ष खड़ी

होकर ही सफल हो सकती है और गुरुतम वस्तु के लिए भी ऐसे लघु क्षण आ पहुँचते हैं, जिनमें वह छोटे तृण के साथ बैठकर ही कृतार्थ बन सकती है।

जीवन का जो स्पर्श विकास के लिए अपेक्षित है उसे पाने के उपरान्त, छोटा, बड़ा, लघु, गुरु, सुन्दर, विरूप, आकर्षक, भयानक कुछ भी कलाजगत से बहिष्कृत नहीं किया जाता। उजले कमलों की चादर-जैसी चाँदनी में मुस्कुराती हुई विभावरी अभिराम है। पर अँधेरे के स्तर-पर-स्तर ओढ़कर विराट बनी हुई काली रजनी भी कम सुन्दर नहीं। फूलों के भार से झुक-झुक पड़ने वाली लता कोमल है, पर शून्य नीलिमा की ओर विस्मित बालक-सा ताकने वाला ठूँठ भी कम सुकुमार नहीं। अविरत जलदान से पृथ्वी को कँपा देने वाला बादल ऊँचा है; पर एक बूँद ओस के भार से नत और कम्पित तृण भी कम उन्नत नहीं। गुलाब के रंग और नवनीत की कोमलता में कंकाल छिपाये हुए रूपसी कमनीय है, पर झुर्रियों में जीवन का विज्ञान लिखे हुए वृद्ध भी कम आकर्षक नहीं। बाह्य-जीवन की कठोरता, संघर्ष, जय-पराजय सब मूल्यवान हैं, पर अन्तर्जगत की कल्पना, स्वप्न, भावना आदि भी कम अनमोल नहीं।

सत्य पर जीवन का सुन्दर ताना-बाना बुनने के लिए कलासृष्टि ने स्थूल-सूक्ष्म सभी विषयों का अपना उपकरण बनाया। वह पाषाण की कठोर स्थलता से रंग-रेखाओं की निश्चित सीमा, उससे ध्वनि की क्षणिक स्थिति और तब शब्द की सूक्ष्म व्यापकता तक पहुँची अथवा किसी और क्रम से, यह जान लेना बहुत सहज नहीं, परन्तु शब्द के विस्तार में कला-सृजन को पाषाण की मूर्तिमत्ता, रंग-रेखा की सजीवता, स्वर का माधुर्य सब कुछ एकत्र कर लेने की सुविधा प्राप्त हो गई। काव्य में कला का उत्कर्ष एक ऐसे बिन्दु तक पहुँच गया, जहाँ से वह ज्ञान को सहायता दे सका।

उपयोग की कला और सौन्दर्य की कला को लेकर बहुत-से विवाद सम्भव होते रहे, परन्तु कला के यह भेद मूलतः एक-दूसरे से बहुत दूरी पर नहीं ठहरते।

कला शब्द से किसी निर्मित पूर्ण खण्ड का ही बोध होता है और कोई भी निर्माण अपनी अन्तिम स्थिति में जितना सीमित है आरम्भ में उतना ही फैला हुआ मिलेगा। उनके पीछे स्थूल-जगत का अस्तित्व, जीवन की स्थिति, किसी अभाव की अनुभूति, पूर्ति का आदर्श, उपकरणों की खोज, एकत्रीकरण की कुशलता आदि-आदि का जो इन्द्रजाल रहता है उसके अभाव में निर्माण की स्थिति शून्य के अतिरिक्त कौन-सी संज्ञा पा सकेगी। चिड़िया का कलरव कला न होकर कला का विषय हो सकेगा पर मनुष्य के गीत को कला कहना होगा। एक में वह सहज प्रवृत्ति मात्र है, पर दूसरे ने सहज प्रवृत्ति के आधार पर अनेक स्वरों को विशेष सामंजस्यपूर्ण स्थिति में रख-रखकर विशेष रागिनी की सृष्टि की है जो अपनी सीमा में जीवनव्यापी सुख-दु:खों की अनुभूति को अक्षय रखती है। इस प्रकार प्रत्येक कला-कृति के लिए निर्माण-सम्बन्धी विज्ञान की भी आवश्यकता होगी और उस विज्ञान की सीमित रेखाओं में व्यक्त होने वाले जीवन के व्यापक सत्य की अनुभूति की भी। जब हमारा ध्यान किसी एक पर ही केन्द्रित हो जाता है तब दोनों को जोड़ने वाली कड़ियाँ अस्पष्ट होने लगती हैं।

एक कृति को ललित कहकर चाहे हम जीवन के, दृष्टि से ओझल शिखर पर प्रतिष्ठित कर आवें और दूसरी को उपयोगी का नाम देकर चाहे जीवन के धूलभरे प्रत्यंक्ष चरणों पर रख दें, परन्तु उन दोनों ही की स्थिति जीवन से बाहर सम्भव नहीं। उनकी दूरी विकास-क्रम से बनी है। कुछ उनकी तात्विक भिन्नता से नहीं। नीचे की पहली सीढ़ी से चढ़कर जब हम ऊपर की अंतिम सीढ़ी पर खड़े हो जाते हैं तब उन दोनों की दूरी हमारे आरोह-क्रम की सापेक्ष है—स्वयं एक-एक तो न वे नीचे हैं न ऊँची।

व्यावहारिक जगत में हमने पहले-पहले खाद्य आच्छादन छाया आदि की समस्याओं को जिन मूलरूपों में सुलझाया था उन्हें यदि आज के व्यंजन, वस्त्राभूषण के भवन के ऐन्द्रिजालिक विस्तार में रखकर देखें, तो वे कला के स्थूल और सूक्ष्म उपयोग से भी अधिक रहस्यमय हो उठेंगे। जो बाह्य जगत में सहज था वह अन्तर्जगत में भी स्वाभाविक हो गया। अत: उपयोग सम्बन्धी स्थूलता सूक्ष्म होते-होते एक रहस्यमय विस्तार में हमारी दृष्टि से ओझल हो गई और तब हम उसका निकटवर्ती छोर पकड़ कर दूसरे का अस्तित्वहीन कह-कहकर खोजने की चिन्ता से मुक्त होने लगे हैं।

सत्य तो यह है कि जब तक हमारे सूक्ष्म अन्तर्जगत का बाह्य-जीवन में पग-पग पर उपयोग होता रहेगा, तब तक कला के सूक्ष्म उपयोग सम्बन्धी विवाद भी विशेष महत्व नहीं रख सकते। हमारे जीवन में सूक्ष्म और स्थूल की जैसी समन्वयात्मक स्थिति है वही कला को, केवल स्थूल या केवल सूक्ष्म में निर्वासित न होने देगी। जब हम एक व्यक्ति के कार्य को स्वीकार करेंगे तब उसकी पटभूमिका बने हुए वायवी स्वप्न, सूक्ष्म-आदर्श, रहस्यमयी भावना आदि का भी मूल्य आँकना आवश्यक हो जायेगा। और कला आदि उस वातावरण का ऐसा परिचय देती है जो कार्य से न दिया जा सकेगा तो जीवन का उसके लिए भीतर-बाहर के सभी द्वार खोलने पड़ेंगे।

२

उपयोगी की ऐसी निम्नोन्नत भूमियाँ हो सकती हैं जो अपने बाह्य रूपों में एक-दूसरे से सर्वथा भिन्न जान पड़ें, परन्तु जीवन के व्यापक धरातल पर उनके मूल्य में विशेष अन्तर नहीं रहता।

हमारी शिराओं में संचरित जीवन-रस और दूर मिट्टी में उत्पन्न अन्न के उपयोग में प्रत्यक्षत: कितना अन्तर और अप्रत्यक्षत: कैसी एकता है यह कहने की आवश्यकता नहीं। रोगी की व्याधिविशेष के लिए शस्त्र विशेष उपयोगी हो सकता है, परन्तु उसके सिरहाने किसी सहृदय द्वारा रखा हुआ अधलिखा गुलाब का फूल भी कम उपयोगी नहीं। अपनी वेदना में छटपटाता हुआ वह उस फूल को धीरे-धीरे खिलने और हौले-हौले झड़ने वाली पंखड़ियों को देख-देखकर कै बार विश्राम की साँस लेता है, किस प्रकार अपने अकेलेपन को भर देता है। कितने भावों की सम-विषम भूमियों के पार आता-जाता है और कैसे चिन्तन के क्षणों में अपने-आपको खोता-पाता है, यह चाहे

हमारे लिए प्रत्यक्ष न हो, परन्तु रोगी के जीवन में तो सत्य रहेगा ही। चतुर चिकित्सक द्वारा रोग का निदान, उपयुक्त औषधि और पथ्य आदि का उपयोग स्पष्ट है, परन्तु रोगी की स्वस्थ इच्छाशक्ति, वातावरण का अनिर्वचनीय सामंजस्य, सेवा करने वाले का हृदयगत स्नेह, सद्‌भाव आदि उपयोग में अप्रत्यक्ष होने के कारण कम महत्वपूर्ण हैं यह कहना अपनी भ्रान्ति का परिचय देना होगा।

जब केवल शारीरिक स्थिति से सम्बन्ध रखने वाला उपयोग भी इतना जटिल है तब सम्पूर्ण जीवन को अपनी परिधि में घेरने वाले उपयोग का प्रश्न कितना रहस्यमय हो सकता है यह स्पष्ट है।

जिस प्रकार एक वस्तु के स्थूल से लेकर सूक्ष्म तक असंख्य उपयोग हैं उसी प्रकार एक जीवन को, सूक्ष्मतम से लेकर स्थूलतम तक अनन्त परिस्थितियों के बीच से आगे बढ़ाना होता है। इसके अतिरिक्त मनुष्य के अभाव और उसकी पूर्ति में इतनी संख्यातीत विविधता है। उसके कार्य–कारण के सम्बन्ध में इतनी मापहीनता है कि उपयोग-विशेष की एक रेखा से समस्त जीवन को घेर लेने का प्रयास असफल ही रहेगा। मनुष्य का जीवन इतना एकांगी नहीं कि उसे हम केवल अर्थ, केवल काम या ऐसी ही किसी एक कसौटी पर परख कर सम्पूर्ण रूप से खरा या खोटा कह सकें। कपटी-से-कपटी लुटेरा भी अपने साथियों के साथ जितना सच्चा है उसे देखकर महान सत्यवादी भी लज्जित हो सकता है। कठोर-से कठोर अत्याचारी भी अपनी संतान के प्रति इतना कोमल है कि कोई भावुक भी उसकी तुलना में न ठहरेगा। उद्धत-से उद्धत बर्बर भी अपने माता-पिता के सामने इतना विनत मिलता है कि उसे नम्र शिष्य की संज्ञा देने की इच्छा होती है। सारांश यह कि जीवन के एक छोर से दूसरे छोर तक जो, एक स्थिति में रह सके ऐसा जीवित मनुष्य संभव ही नहीं, अतः एकान्त उपयोग की कल्पना ही सहज है। जिस चढ़े हुए धनुष की प्रत्यंचा कभी नहीं उतरती वह लक्ष्य वेध के काम का नहीं रहता। नेत्र जो एक भाव में स्थिर है, जो ओंठ एक मुद्रा में जड़े हैं, जो अंग एक स्थिति में अचल है, वे चित्र या मूर्ति में ही अंकित रह सकते हैं। जीवन की गतिशीलता में विश्वास कर लेने पर मनुष्य की असंख्य परिस्थितियों और विविध आवश्यकताओं में विश्वास करना अनिवार्य हो उठता है और अभाव की विविधता से उपयोग की बहुरूपता एक अविच्छिन्न संबंध में बँधी है। यह सत्य है कि जीवन में किसी आवश्यकता का अनुभव नित्य होता रहता है और किसी का यदा-कदा; परन्तु निरन्तर अनुभूत अभावों की पूर्ति ही, पूर्ति है और जिनका अनुभव ऐसा नियमित नहीं वे अभाव ही नहीं, ऐसी धारणा भ्रान्तिपूर्ण है।

कभी-कभी एकरस अनेक वर्षों की तुलना में सहानुभूति, स्नेह, सुख-दुःख के क्षण कुछ कितने मूल्यवान ठहरते हैं इसे कौन नहीं जानता! अनेक बार, व्यक्ति के जीवन में एक छन्द, एक चित्र या एक घटना ने अभूतपूर्व परिवर्तन सम्भव कर दिया है। कारण स्पष्ट है। जब कवि, चित्रकार या संयोग के मार्मिक सत्य ने, उस व्यक्ति को एक क्षणिक कोमल मानसिक स्थिति में, छू पाया तब वे क्षण अनन्त कोमलता और करुणा

के सौन्दर्य-द्वार खोलने में समर्थ हो सके। ऐसे कुछ क्षण युगों से अधिक मूल्यवान, अतः उपयोगी मान लिये जाएँ तो आश्चर्य की बात नहीं।

वास्तव में जीवन की गहराई की अनुभूति के कुछ क्षण ही होते हैं, वर्ष नहीं। परन्तु यह क्षण निरन्तरता से रहित होने के कारण कम उपयोगी नहीं कहे जा सकते! जो क्रूर मनुष्य सौ-सौ शास्त्रों के नित्य मनन से कोमल नहीं बन पाया वह यदि एक छोटे-से निर्दोष बालक के सरल आकस्मिक प्रश्न मात्र से द्रवित हो उठता है तो वह क्षणिक प्रश्न शास्त्र-मनन की निरन्तरता से अधिक उपयोगी क्यों न माना जावे! एक वाणविद्ध क्रौंच से प्रभावित ऋषि—'मा निषाद प्रतिष्ठात्वं' कहकर यदि प्रथम श्लोक और आदि-काव्य की रचना में समर्थ हो सका तो उस क्षुद्र पक्षी की व्यथा को मनीषी की ज्ञानगरिमा से अधिक मूल्य क्यों न दिया जावे। यदि एक वैज्ञानिक, फल के गिरने से पृथ्वी की आकर्षक-शक्ति का पता लगा सका तो उस तुच्छ फल का टूटना, पर्वतों के टूटने से अधिक महत्वपूर्ण क्यों समझा जावे!

यदि नित्य और नियमित स्थूल ही उपयोग की कसौटी रहे तो शरीर की कुछ आवश्यकताओं के अतिरिक्त और कुछ भी महत्व को परिधि में नहीं आता। परन्तु हमारे इस निष्कर्ष को जीवन तो स्वीकार करे! बुद्धि ने अपनी सीमा में स्थूलतम से सूक्ष्मतम तक सब कुछ ज्ञेय माना है और हृदय ने अपनी परिधि में उसे संवेदनीय। जीवन में इन दोनों को समान रूप से स्वीकृति देकर इस दोहरे उपयोग को असंख्य विभिन्न और ऊँचे-नीचे स्तरों में विभाजित कर डाला है। जब इनमें से एक को लक्ष्य बना कर हम जीवन का विकास चाहते हैं तब हमारा प्रयास अपनी दिशा में गतिशील होकर भी सम्पूर्ण जीवन को सामंजस्यपूर्ण गति नहीं देता।

जीवन की अनिश्चित-से-अनिश्चित स्थिति भी उपयोग के प्रश्न को एकांगी नहीं बना पाती। युद्ध के लिए प्रस्तुत सैनिक की स्थिति से अधिक अनिश्चित स्थिति और किसी की सम्भव नहीं, परन्तु उस स्थिति में भी जीवन, भोजन, आच्छादन और अस्त्र-शस्त्र के उपयोग में ही सीमित नहीं हो जाता। मस्तिष्क और हृदय को क्षण भर विश्राम देने वाले सुख के साधन, प्रियजनों के स्नेह-भरे संदेश, रक्षणीय वस्तुओं के संबंध में ऊँचे-ऊँचे आदर्श। जय के सुनहले-रुपहले स्वप्न, अडिग साहस और विश्वास की भावना, अन्तश्चेतना का अनुशासन आदि मिलकर ही तो वीर की वीरता से मरने और सम्मान से जीने की शक्ति दे सकते हैं। पौष्टिक भोजन, झिलमिलाते कवच और चकाचौंध उत्पन्न करने वाले अस्त्र-शस्त्र मात्र वीर-हृदय का निर्माण नहीं करते; उसके नियामक उपकरण तो अन्तर्जगत में छिपे रहते हैं। यदि हम अन्तर्जगत के वैभव को अनुपयोगी सिद्ध करना चाहें तो कवच में यंत्रचालित काठ के पुतले भी खड़े किये जा सकते हैं क्योंकि जीवित मनुष्य की तुलना में उनकी आवश्यकताएँ नहीं के बराबर और उपयोग सहस्त्रगुण अधिक रहेंगे।

उपयोग की ऐसी भ्रान्ति पर तो हमारा यंत्रयुग खड़ा है, परन्तु संसार ने हँसने, रोने, थकने, मरने वाले मनुष्य को खोकर जो वीतराग, अथक अमर देवता पाया है उसने

जीवन को, आत्महत्या का वरदान देने के अतिरिक्त और क्या किया! समाज और राष्ट्र में मनुष्य की स्थिति न केवल तात्कालिक है और न अनिश्चित, अतः उसके जीवन से संबंध रखने वाले उपयोग को, अधिक व्यापक धरातल पर स्थायित्व की रेखाओं में देखना होगा।

उपयोगिता के प्रश्न के साथ एक कठिनाई और है। जैसे-जैसे उपयोग की भूमि ऊँची होती जाती है वैसे-वैसे वह प्रत्यक्षता में न्यून और व्यापकता में अधिक होती चलती है। सबसे नीची भूमि जिस अंश तक सापेक्ष है सबसे ऊँची उसी अंश तक निरपेक्ष। उपयोगिता की दृष्टि से खाद्य, भिन्न-भिन्न व्यक्तियों के स्वास्थ्य, रुचि आदि की अपेक्षा रखता है, परन्तु उससे बना रस, रोगी स्वस्थ आदि सभी प्रकार के व्यक्तियों के लिए समान रूप से उपयोगी रहेगा। इसी से उपयोग की प्रत्यक्ष और निम्न भूमि पर जैसी विभिन्नता मिलती है वैसी उन्नत पर अप्रत्यक्ष भूमि पर सहज नहीं।

'दूसरे के दुःख से सहानुभूति रखो' यह सिद्धान्त जब व्यावहारिक जीवन में केवल विधिनिषेध के रूप में आता है तब भिन्न-भिन्न व्यक्तियों में इसके उपयोग के रूप विभिन्न रहते हैं और प्रयोग से छुटकारा देने वाले तर्क विविध, परन्तु जब यही इतिवृत्त, हमारी भावभूमि पर, हृदय की प्रेरणा बनकर उपस्थित होता है तब न प्रयोगों में इतनी विभिन्नता दिखाई देती है और न तर्क की आवश्यकता रहती है। किसी का दुःख जब हमारे हृदय को स्पर्श कर चुका, तब हम उसके और अपने सम्बन्ध को साधारण लौकिक आदान-प्रदान की तुला पर तोलने में असमर्थ ही रहेंगे।

यदि हम किसी के दुःख को बँटा लेंगे तो दूसरा भी हमारे दुःख में सहभागी होगा, यह सामाजिक नियम न हमें स्मरण रहता है और न हम स्मरण करना चाहेंगे। इसी से महानतम त्यागों के पीछे विधिनिषेधात्मक नैतिकता के संस्कार चाहे रहे, परन्तु स्वयं विधिनिषेध की सतर्क चेतना सम्भव नहीं रहती। सत्य बोलना उचित है, इस सिद्धान्त को गणित के नियम के समान रट-रट कर जो सत्य बोलने की शक्ति पाता है वह सच्चा सत्यवादी नहीं। सत्यवादी तो उसे कहेंगे जिसमें, सत्य बोलना विधिनिषेध की सीमा पार कर स्वभाव ही बन चुका है। उपयोग की इस सूक्ष्म पर व्यापक भूमि पर सत्य में जैसी एकता है, स्थूल और संकीर्ण धरातल पर वैसी ही अनेकता। इसी कारण संसार-भर के दार्शनिक, धर्मसंस्थापक, कवि आदि के सत्य में, देश, काल और व्यक्ति की दृष्टि से विभिन्नता होने पर भी मूलगत एकता मिलती है।

सत्य तो यह है कि उपयोग का प्रश्न जीवन के समान ही निम्न-उन्नत, सम-विषम, प्रत्यक्ष-अप्रत्यक्ष भूमियों में समान रूप से व्याप्त है और रहेगा।

जहाँ तक काव्य तथा अन्य ललित कलाओं का संबंध है वे उपयोग की उस उन्नत भूमि पर स्थायी हो पाती हैं जहाँ उपयोग सामान्य रह सके। करुण रागिनी, उपयोग की जिस भूमि पर है, वहाँ वह प्रत्येक श्रोता के हृदय में एक करुणा भाव जाग्रत करके ही सफल हो सकेगी, हर्ष या उल्लास का नहीं। व्यक्ति के संस्कार, परिस्थिति, मानसिक स्थिति आदि के अनुसार उसकी मात्राओं में न्यूनाधिक्य हो सकता है, परन्तु उसके

उपयोग में इतनी विभिन्नता संभव नहीं कि एक में हर्ष का संचार हो, और दूसरे में विषाद का उद्रेक।

जीवन को गति देने के दो ही प्रकार हैं। एक तो बाह्य अनुशासनों का सहारा देकर उसे चलाना और दूसरे, अन्तर्जगत में ऐसी स्फूर्ति उत्पन्न कर देना जिससे सामंजस्यपूर्ण गतिशीलता अनिवार्य हो उठे। अन्तर्जगत में प्रेरणा बनने वाले साधनों की स्थिति, उस बीज के समान है जिसे मिट्टी को, रंग-रूप-रस आदि में व्यक्त होने की सुविधा देने के लिए स्वयं उसके अंधकार में समाकर दृष्टि से ओझल हो जाना पड़ता है।

विधिनिषेध की दृष्टि से महान-से-महान कलाकार के पास उतना भी अधिकार नहीं जितना चौराहे पर खड़े सिपाही को प्राप्त है, वह न किसी को आदेश दे सकता है और न उपदेश, और यदि देने की नासमझी करता भी है तो दूसरे उसे न मान कर समझदारी का परिचय देते हैं। वास्तव में कलाकार तो ऐसा जीवन-संगी है जो अपनी आत्मकहानी में, हृदय-हृदय की कथा कहता है और स्वयं चलकर पग-पग के लिए पथ प्रशस्त करता है। वह बौद्धिक परिणाम नहीं किन्तु अपनी अनुभूति दूसरे तक पहुँचाता है और वह भी एक विशेषता के साथ। काँटा चुभा कर काँटे का ज्ञान तो संसार दे ही देगा, परन्तु कलाकार बिना काँटा चुभने की पीड़ा दिए हुए ही उसकी कसक की तीव्र-मधूर अनुभूति दूसरे तक पहुँचाने में समर्थ है। अपने अनुभवों की गहराई में, वह जिस जीवन-सत्य से साक्षात् करता है उसे दूसरे के लिए संवेदनीय बनाकर कहता चलता है, यह सौन्दर्य तुम्हारा ही तो है पर मैंने आज देख पाया, जीवन को स्पर्श करने का उसका ढंग ऐसा है कि हम उसके सुख-दुःख, हर्ष-विषाद, हार-जीत सब कुछ प्रसन्नतापूर्वक ही स्वीकार करते हैं, दूसरे शब्दों में हम बिना खोजने का कष्ट उठाये हुए ही कलाकार के सत्य में अपने आप को पाते हैं। दूसरे के बौद्धिक निष्कर्ष तो हमें अपने भीतर उनका प्रतिबिम्ब खोजने पर बाध्य करते हैं, परन्तु अनुभूति हमारे हृदय से तादात्म्य करके प्राप्ति का सुख देती है।

उपदेशों के विपरीत अर्थ लगाये जा सकते हैं, नीति के अनुवाद भ्रान्त हो सकते हैं, परन्तु सच्चे कलाकार की सौन्दर्य-दृष्टि का, अपरिचित रह जाना सम्भव है, बदल जाना सम्भव नहीं। मनु की जीवन-स्मृतियों में अनर्थ की संभावना है, पर वाल्मीकि का जीवन-दर्शन श्लेषहीन ही रहेगा। इसी से कलाकारों के मठ नहीं निर्मित हुए महन्त नहीं प्रतिष्ठित हुए, साम्राज्य नहीं स्थापित हुए और सम्राट नहीं अभिषिक्त हुए। कवि या कलाकार अपनी सामान्यताओं में ही सबका ऐसा अपना बन गया कि समय-समय पर, धर्म नीति आदि को जीवन के निकट पहुँचने के लिए उससे परिचय-पत्र माँगना पड़ा।

कवि में दार्शनिक को खोजना बहुत साधारण हो गया है। जहाँ तक सत्य के मूल रूप का सम्बन्ध है वे दोनों एक-दूसरे के अधिक निकट हैं अवश्य, पर साधन और प्रयोग की दृष्टि से उनका एक होना सहज नहीं। दार्शनिक बुद्धि के निम्नस्तर से अपनी खोज आरम्भ करके उसे सूक्ष्म बिन्दु पर पहुँचाकर संतुष्ट हो जाता है—उसकी सफलता

यही है कि सूक्ष्म सत्य के उस रूप तक पहुँचने के लिए वही बौद्धिक दिशा संभव रहे। अन्तर्जगत का सारा वैभव परख कर सत्य का मूल्य आँकने का उसे अवकाश नहीं; भाव की गहराई में डूब कर जीवन की थाह लेने का उसे अधिकार नहीं, वह तो चिन्तन-जगत का अधिकारी है। बुद्धि अन्तर का बोध कराकर एकता का निर्देश करती है और हृदय एकता की अनुभूति देकर अन्तर की ओर संकेत करता है। परिणामतः चिन्तन की विभिन्न रेखाओं का समानान्तर रहना अनिवार्य हो जाता है। सांख्य जिस रेखा पर बढ़ कर लक्ष्य की प्राप्ति करता है वह वेदान्त को अंगीकृत न होगी और वेदान्त जिस क्रम से चलकर सत्य तक पहुँचता है उसे योग स्वीकार न कर सकेगा।

काव्य में बुद्धि हृदय से अनुशासित रह कर ही सक्रियता पाती है; इसी से उसका दर्शन न बौद्धिक तर्क-प्रणाली है और न सूक्ष्म बिन्दु तक पहुँचाने वाली विशेष विचार-पद्धति। वह तो जीवन को, चेतना अनुभूति के समस्त वैभव के साथ स्वीकार करता है। अतः कवि का दर्शन, जीवन के प्रति उसकी आस्था का दूसरा नाम है। दर्शन में, चेतना के प्रति नास्तिक की स्थिति भी संभव है, परन्तु काव्य में अनुभूति के प्रति अविश्वासी कवि की स्थिति असंभव ही रहेगी। जीवन के अस्तित्व को शून्य प्रमाणित करके भी दार्शनिक बुद्धि के सूक्ष्म-बिन्दु पर विश्राम कर सकता है, परन्तु यह अस्वीकृति कवि के अस्तित्व को, डाल से टूटे पत्ते की स्थिति दे देती है।

दोनों का मूल अन्तर न जानकर ही हम किसी भी कलाकार में बुद्धि की एक रूप, एक दिशा वाली रेखा ढूँढ़ने का प्रयास करते हैं और असफल होने पर खीझ उठते हैं। इसका यह अर्थ नहीं कि दर्शन और कवि की स्थिति में विरोध है। कोई भी कलाकार दर्शन ही क्या धर्म, नीति आदि का विशेषज्ञ होने के कारण ही कला-सृजन के उपयुक्त या अनुपयुक्त नहीं ठहरता। यह समस्या तो तब उत्पन्न होती है जब वह अपनी कला को ज्ञानविशेष का एकांगी, शुष्क और बौद्धिक अनुवाद मात्र बनाने लगता है।

कवि का वेदान्त, जब अनुभूतियों के रूप, कल्पना से रंग और भावजगत से सौन्दर्य पाकर साकार होता है तब उसके सत्य में जीवन का स्पन्दन रहेगा, बुद्धि की तर्क-शृंखला नहीं। ऐसी स्थिति में उसका पूर्ण परिचय न अद्वैत दे सकेगा और न विशिष्टाद्वैत। यदि कवि ने इतनी सजीव साकारता के बिना ही अपने ज्ञान को कला के सिंहासन पर अभिषिक्त कर दिया तो वह विकलांग मूर्ति के समान न निरा देवता रहता है और न कोरा पाषाण, कला, जीवन की विविधता समेटती हुई आगे बढ़ती है, अतः सम्पूर्ण जीवन को गला-पिघला कर तर्कसूत्र में परिणत कर लेना उसका लक्ष्य नहीं हो सकता।

व्यष्टि और समष्टि में समान रूप से व्याप्त जीवन के हर्ष-शोक, आशा-निराशा, सुख-दुःख आदि की संख्यातीत विविधता को स्वीकृति देने ही के लिए कला-सृजन होता है। अतः कलाकार के जीवन-दर्शन में हम उसका जीवनव्यापी दृष्टिकोण मात्र पा सकते हैं। जो सम-विषम परिस्थितियों की भीड़ में नहीं मिल जाता, सरल-कठिन संघर्षों के मेले में नहीं खो जाता और मधुर-कटु सुख-दुःखों की छाया में नहीं छिप

जाता वही व्यापक दृष्टिकोण कवि का दर्शन कहा जायेगा। परन्तु ज्ञान-क्षेत्र और काव्यजगत के दर्शन में उतना ही अन्तर रहेगा जितना दिशा की शून्य सीधी रेखा और अनन्त रंग-रूपों से बसे हुए आकाश में मिलता है।

काव्य की परिधि में बाह्य और अन्तर्जगत दोनों आ जाने के कारण अभिव्यक्ति के स्वरूप मतभेदों को जन्म देते रहते हैं। केवल बाह्य-जगत की यथार्थता काव्य का लक्ष्य रहे अथवा उस यथार्थ के साथ सम्भाव्य यथार्थ अर्थात् आदर्श भी व्यक्त हो यह प्रश्न भी उपेक्षणीय नहीं। यथार्थ और आदर्श दोनों को यदि चरम सीमा पर रखकर देखा जाए तो एक प्रत्यक्ष इतिवृत्त में बिखर जाएगा और दूसरा असम्भव कल्पनाओं में बँध जायेगा, ऐसे यथार्थ और आदर्श की स्थिति जीवन में ही कठिन हो जाती है फिर उसकी काव्य-स्थिति के संबंध में क्या कहा जावे।

हमारे चारों ओर एक प्रत्यक्ष जगत है। इसका ज्ञान प्राप्त करने के लिए हमारी ज्ञानेन्द्रियों से लेकर सूक्ष्म वैज्ञानिक यंत्रों तक एक विस्तृत करुण-जगत बन चुका है और बनता जा रहा है। बाह्य-जगत के सम्बन्ध में विज्ञान और ज्ञान की विचित्र स्थिति है। जहाँ तक विज्ञान का प्रश्न है उसने इन्द्रियजन्य ज्ञान में सबसे पूर्ण प्रत्यक्ष को भी अविश्वसनीय प्रमाणित कर दिया है। अपनी अपूर्णता नहीं पूर्णता में भी दृष्टि, रंगों के अभाव में रंग ग्रहण करने की क्षमता रखती है और रूपों की उपस्थिति में भी उनकी यथार्थता बदल सकती है। इसके अतिरिक्त प्रत्यक्ष ज्ञान के ऊपर, अनुमान स्मृति आदि की अप्रत्यक्ष छाया फैली रहती है पर इतना सब कह-सुन चुकने पर भी यह स्पष्ट है कि हम ऊपर नीलिमा के स्थान में खोखला आकाश, टिमटिमाते ग्रह-नक्षत्रों के स्थान में, अधर में लटक कर वेग से घूमने वाले विशाल ब्रह्माण्ड और पैरों तले समतल धरती के स्थान में ढालू और दौड़ते हुए गोलाकार का अनुभव कर प्रसन्न न हो सकेंगे। हमें यह विशिष्ट ज्ञान उपयोग के लिए चाहिए, पर उस उपयोग के उपभोग के लिए हम अपना सहज अनुभव ही चाहते रहेंगे। इसी कारण वैज्ञानिक ज्ञान को सीखकर भूलता है और कलाकार भूलकर सीखता है। यथार्थ के सम्बन्ध में यदि केवल वैज्ञानिक दृष्टि रखें तो वह काव्य का लक्ष्य-भ्रष्ट कर देगी, क्योंकि आनन्द के लिए उसकी परिधि में स्थान नहीं। विज्ञान का यथार्थ स्वयं विभक्त और निर्जीव होकर ज्ञान की उपलब्धि संभव कर देता है, पर काव्य के यथार्थ को अपनी सीमित सजीवता से ही एक व्यापक सजीवता और अखण्डता का परिचय देना होगा। और केवल ज्ञानाश्रयी कवि यथार्थ को ऐसे उपस्थित करने की शक्ति नहीं रखता।

साधारणतः मनुष्य और संसार की क्रिया-प्रतिक्रिया से उत्पन्न ज्ञान अनुभूति सब, संस्कारों का ऐसा रहस्यमय ताना-बाना बुनते चलते हैं जो एक ओर हृदय और मस्तिष्क को जोड़े रहता है और दूसरी ओर जीवन के लिए एक विस्तृत पीठिका प्रस्तुत कर देता है। जिसके पास यह संस्कार आकाश जितना व्यापक, सामंजस्यपूर्ण और सुलझा हुआ होगा वह यथार्थ को उतनी ही सफल जीवन-स्थिति दे सकता है। इस संस्कार की छिन्न-भिन्नता में हमें ऐसा यथार्थवादी मिलेगा जो जीवन को विरूप खण्डों में बाँटता

चलता है और इसके नितान्त अभाव में वह विक्षिप्त संभव है जो सुख-दु:खों का अनुभव करने पर भी उन्हें कोई सामान्य आधार-भित्ति नहीं दे पाता।

संसार में प्रत्येक सुन्दर वस्तु उसी सीमा तक सुन्दर है, जिस सीमा तक वह जीवन की विविधता के साथ सामंजस्य की स्थिति बनाये हुए है और प्रत्येक विरूप वस्तु उसी अंश तक विरूप है जिस अंश तक वह जीवन व्यापी सामंजस्य को छिन्न-भिन्न करती है। अत: यथार्थ का द्रष्टा जीवन की विविधता में व्याप्त सामंजस्य को बिना जाने, अपना निर्णय उपस्थित नहीं कर पाता और करे भी तो उसे जीवन की स्वीकृति नहीं मिलती। और जीवन के सजीव स्पर्श के बिना केवल कुरूप और सुन्दर को एकत्र कर देने का वही परिणाम अवश्यम्भावी है जो नरक-स्वर्ग की सृष्टि का हुआ।

संसार में सबसे अधिक दण्डनीय वह व्यक्ति है जिसने यथार्थ के कुत्सित पक्ष को एकत्र कर नरक का आविष्कार कर डाला, क्योंकि उस चित्र ने मनुष्य की सारी बर्बरता को चुन-चुन कर ऐसे ब्योरेवार प्रदर्शित किया कि जीवन के कोने-कोने में नरक गढ़ा जाने लगा। इसके उपरान्त, उसे यथार्थ के अकेले सुखपक्ष को पुंजीभूत कर इस तरह सजाना पड़ा कि मनुष्य उसे खोजने के लिए जीवन को छिन्न-भिन्न करने लगा।

एकान्त यथार्थवादी काव्य में यथार्थ के ऐसे ही एकांगी प्रतिरूप स्वाभाविक हो जाते हैं। एक ओर यथार्थ द्रष्टा केवल विरूपतायें चुनकर उनसे जीवन को सजा देता है और दूसरी ओर उसके हृदय को चीर-चीर कर स्थूल सुखों की प्रदर्शनी रचता है। केवल उत्तेजक और वीप्साजनक काव्य और कलाओं के मूल में यही प्रवृत्ति मिलेगी। इन दोनों सीमाओं से दूर रहने के लिए कवि को जीवनी की अखण्डता और व्यापकता से परिचित होना होगा, क्योंकि इसी पीठिका पर यथार्थ चिरन्तन गतिशीलता पा सकता है।

यथार्थ यदि सुन्दर है तो पृष्ठभूमि तरल जल के समान उसे सौ-सौ पुलकों में झुलाती है और यदि विरूप है तो वह तरल कोमलता हिम का ऐसा स्थिर और उज्ज्वल विस्तार बन जाती है जिसकी अनन्त स्वच्छता में एक छोटा-सा धब्बा भी असह्य हो उठता है। इस आधार-भित्ति पर जीवन की कुत्सा देखकर हमारा हृदय काँप जाता है, पर एक अतृप्त लिप्सा से नहीं भर आता।

यदि यथार्थ को केवल इतिवृत्ति का क्रम मान लिया जावे तो भी व्यक्तिगत भावभूमि पर अपनी स्थिति रखकर ही वह काव्य के उपयुक्त संवेदनीयता पा सकता है। इस भावभूमि से सर्वथा निर्वासित इतिवृत्त का सबसे उपयुक्त आश्रय-स्थल इतिहास ही रहेगा।

चरम सीमा पर यथार्थ जैसे विक्षिप्त गतिशील है, वैसे ही आदर्श निष्क्रियता में स्थिर हो जाता है। एक विविध उपकरणों का बवंडर है और दूसरा पूर्ण निर्मित पर अचल मूर्ति! साधारणत: जीवन में एक ही व्यक्ति यथार्थदर्शी भी है और आदर्शस्रष्टा भी। चाहे उसका यथार्थ कितना ही अपूर्ण हो और आदर्श कितना ही संकीर्ण। जीवन की ऐसी स्थिति की कल्पना तो पशुजगत की कल्पना होगी जिसमें बाह्य संसार का ज्ञान

मनुष्य के अंतर्जगत में किसी सम्भाव्य संसार की छाया नहीं आँकता। जो है, उसके साथ हमारे सक्रिय सहयोग के लिए यह कल्पना आवश्यक है कि इसे कैसा होना चाहिए।

संसार से आदान मात्र मनुष्य को पूर्ण सन्तोष नहीं देता, उसे प्रदान का भी अधिकार चाहिए और इस अधिकार की विकसित चेतना ही आदर्श का पर्याय है। छोटा-सा बालक भी दूसरे की दी हुई वस्तुओं को ग्रहण करने के लिए जितना उत्सुक होगा उन्हें अपनी इच्छा और रुचि के अनुसार रखने, जोड़ने-तोड़ने आदि के लिए भी उतना ही अनुकूल मिलेगा। सभ्यता, समाज, धर्म, काव्य आदि मनुष्य और संसार के इसी चिरन्तन आदान-प्रदान के इतिहास हैं।

साधारण रूप से आदर्श से यही समझा जाता है कि वह सत्य की जय, असत्य की पराजय आदि-आदि जीवन में असम्भव पर कल्पना में संभवकार्यकारण का नाम है। इस धारणा के कारण हैं। सम्भाव्य यथार्थ से सम्बन्ध रखने वाले अन्तर्जगत के संस्कार हमारे बाह्य आचरण पर विशेष प्रभाव डालते रहते हैं, इसी से समय-समय पर धर्म, नीति आदि ने उन्हें अपने विकास का साधन बनाया। जिस युग का प्रधान लक्ष्य धर्म रहा उसमें सत्य, त्याग आदि गुणों के आदर्श चरम सीमा तक पहुँच कर ही सफल हो सके। जिस युग का दृष्टि-विन्दु सामाजिक विकास था उसमें कर्तव्य सम्बन्धी आदर्श उच्चतम सीमा तक पहुँच गये। जिस समय संघर्ष की सफलता ही अभीष्ट रही उस समय जय के आदर्श की उज्ज्वलता में साधनों की मलिनता भी छिप गई। जब जो विशेषता आवश्यक नहीं रही, तब उससे सम्बन्ध रखने वाला असाधारण आदर्श, जीवन के पुरातत्व विभाग की स्थायी सम्पत्ति बना दिया गया और साधारण आदर्श गौण रूप से प्रयोग में आता रहा। कुरुक्षेत्र के युद्ध में हरिश्चन्द्र की सत्यवादिता का कोई स्थान नहीं, राम के संघर्ष में बुद्ध की अहिंसा का कोई महत्व नहीं।

युग विशेष में उत्पन्न कवियों ने भी अपने युग के आदर्श को असाधारणता के साथ काव्य में प्रतिष्ठित किया। इतना ही नहीं, वह आदर्श कहीं भी पराजित न हो सके इसकी ओर भी उन्हें सतर्क रहना पड़ा। फिर भी यह सत्य है कि वे बहुत एकांगी नहीं हो सके। काव्य हमारे अन्तर्जगत में मुक्ति का ऐसा अनुभव कर चुकता है कि उससे बाह्य जगत के संकेतों का अक्षरशः पालन नहीं हो पाता, रामायणकार ऋषि का दृष्टि-बिन्दु कर्तव्य के युग से प्रभावित था अवश्य, पर उसने युग के प्रतिनिधि कर्तव्य-पालन की भी त्रुटियों को छिपाने का प्रयास नहीं किया। राजा के चरम आदर्श तक पहुँच कर भी वह जब साध्वी पर परित्यक्ता पत्नी की फिर अग्नि-परीक्षा लेना चाहता है, तब वह नारी उस कर्तव्यपालक के पत्नीत्व के बदले मृत्यु को स्वीकार कर लेती है। जीवन के अन्त में एकांगी कर्तव्य की जैसी पराजय ऋषिकवि ने अंकित की है उसकी रेखा-रेखा में मानों उनका भ्रू-भंग कहता है—बस इतना ही तो इसका मूल्य था। विजय केन्द्र बिन्दु होने पर भी महाभारत में असत्य साधनों को उज्ज्वलता नहीं मिल सकी। संघर्ष सफल हो गया, कह कर भी कवि ने उस सफलता की उजली रेखाओं में

ग्लानि का इतना काला रंग भर दिया है कि विजयी ही नहीं आज पाठक भी काँप उठता है।

जीवन के प्रति स्वयं आस्थावान होने के कारण कवि का विश्वास भी एक आदर्श बन कर उपस्थित होता है। शकुन्तला की आत्महत्या तो सरल सौन्दर्य और सहज विश्वास की हत्या है; उसे कवि कल्पना में भी नहीं अंगीकार करेगा, पर उस सौन्दर्य और विश्वास को ठुकराने वाले दुष्यन्त के पश्चात्ताप में से वह लेशमात्र भी नहीं घटाता। इतना ही नहीं जिस पवित्र सौन्दर्य और मधुर विश्वास की प्राप्ति एक दिन कण्व के साधारण तपोवन में अनायास हो गई थी, उसी के पुनर्दर्शन के लिए दुष्यन्त को स्वर्ग तक जाने का आयास भी करना पड़ता है और दिव्यभूमि पर अपराधी याचक के रूप में खड़े भी होना पड़ता है। सारांश यह कि अपने युगसीमित आदर्श को स्वीकार करके भी कवि उसे विस्तृत विविधता के साथ व्यक्त करते रहे हैं। जैसे शिष्य के बनाये पूर्ण चित्र से भी कलाकार-गुरु अपनी कुशल उँगलियों में थमी तूली से कुछ रेखायें इस तरह घटा-बढ़ा देता है, कहीं-कहीं रंग इस तरह हल्के-गहरे कर देता है कि उसमें एक नया रहस्य यत्र-तत्र झलकने लगता है, वैसे ही प्राचीन ऋषि-कवियों ने अपने युग की निश्चित रेखाओं और पक्के रंगों के भीतर से युग-युगान्तरव्यापी जीवन-रहस्य को व्यक्त कर दिया है। आज का युग उनसे इतना दूर है कि उस रहस्य-लिपि को नहीं पढ़ पाता, अतः केवल निश्चित रंग-रेखा को ही सब कुछ मान बैठता है।

आधुनिक युग में बुद्धि का आदर्श भी वैसा ही असाधारण हो गया है जैसा किसी समय सत्य, त्याग, कर्तव्य आदि का था। सत्य ही विजय अनिवार्य है या मिथ्या का बुरा परिणाम अवश्यम्भावी है आदि में कार्य-कारण की सम्भाव्य स्थिति भी निश्चित रेखाओं और पक्के रंगों के भीतर से युग-युगान्तर ही मनुष्य की पूर्णता है, भौतिक उत्कर्ष ही जीवन का एकमात्र लक्ष्य है, आदि में भी वैसा ही कल्पित कार्य-कारण-सम्बन्ध है, क्योंकि जीवन में न तो सब जगह बुद्धिवादी ही पूर्ण मनुष्य है और न भौतिक विकास का चरमबिन्दु जीवन की एकमात्र सार्थकता है। जब हमारा युग भी अतीत युगों में स्थान पा लेगा तब नवागत युग हमारे असाधारण बौद्धिक और भौतिक आदर्शों को उसी दृष्टि से देखेगा जिस दृष्टि से हम अपने अतीत आदर्श-वैभव को देखते हैं।

आधुनिक युग के आदर्शों में ही असाधारणता नहीं, उनकी काव्य-स्थिति भी वैसी ही एकांगी है। आज का कवि भी अपने युग के आदर्शों को काव्य में प्रतिष्ठित करता है और उनकी एकान्त विजय के संबंध में सतर्क रहता है। पर आदर्श को संकीर्ण अर्थ में न ग्रहण करके यदि हम उसे जीवन की एक व्यापक और सामंजस्यपूर्ण स्थिति का भावन मात्र लें तो वह हमारे एकांगी बुद्धिवाद और बिखरे यथार्थ को संतुलन दे सकता है।

काव्य में गोचर-जगत तो सहज, स्वीकृति पा लेता है, पर स्थूल-जगत में व्याप्त चेतना और प्रत्यक्ष सौन्दर्य में अन्तर्हित सामंजस्य की स्थिति बहुत सहज नहीं।

हमारे प्राचीन काव्य ने बौद्धिक तर्कवाद से दूर उस आत्मानुभूत ज्ञान को स्वीकृति दी है जो इन्द्रियजन्य ज्ञान-सा अनायास पर उससे अधिक निश्चित और पूर्ण माना गया है। इस ज्ञान के आधार सत्य की तुलना उस आकाश से की जा सकती है जो ग्रहणशक्ति की अनुपस्थिति में अपना शब्दगुण नहीं व्यक्त करता। इसी कारण ऐसे ज्ञान की उपलब्धि आत्मा के उस संस्कार पर निर्भर है, जो सामान्य सत्य को विशिष्ट सीमा में ग्रहण करने की शक्ति भी देता है और उस सीमित ज्ञानानुभूति को जीवन की व्यापक पीठिका देने वाला सौन्दर्य-बोध भी सहज कर देता है।

जैसे रूप, रस, गन्ध आदि की स्थिति होने पर भी करण के अभाव या अपूर्णता में, कभी उनका ग्रहण सम्भव नहीं होता और कभी वे अधूरे ग्रहण किये जाते हैं, वैसे ही आत्मानुभूत ज्ञान, आत्मा के संस्कार की मात्रा और उससे उत्पन्न ग्रहण शक्ति की सीमा पर निर्भर रहेगा। कवि को द्रष्टा या मनीषी कहने वाले युग के सामने यही निश्चित तर्कक्रम से स्वतंत्र ज्ञान रहा।

यह ज्ञान व्यक्ति सामान्य नहीं, यह कहकर हम उसकी उपेक्षा नहीं कर सकते, क्योंकि हमारा प्रत्यक्ष जगत सम्बन्धी ज्ञान भी इतना सामान्य नहीं। विज्ञान का भौतिक ज्ञान ही नहीं, नित्य का व्यवहार-ज्ञान भी व्यक्ति की सापेक्षता नहीं छोड़ता। व्यक्तिगत रुचि, संस्कार, पूर्वार्जित ज्ञान, ज्ञानकरणों की पूर्णता, अपूर्णता, अभाव आदि मिल कर स्थूल-जगत के ज्ञान को इतनी विविधता देते रहते हैं कि हम व्यक्ति के महत्व से ज्ञान का महत्व निश्चित करने पर बाध्य हो जाते हैं। जो ऊँचा सुनता है या जो स्टेस्थेस्कोप की सहायता से फेफड़ों का अस्फुट शब्द मात्र सुनता है वे दोनों ही हमारे स्वर-सामंजस्य के सम्बन्ध में कोई निष्कर्ष नहीं दे सकते, पर जो आहट की ध्वनि से लेकर मेघ के गर्जन तक सब स्वर सुनने की क्षमता भी रखता है और विभिन्न स्तरों में सामंजस्य लाने की साधना भी कर चुका है वही इस दिशा में हमारा प्रमाण है।

समाज, नीति आदि से सम्बन्ध रखने वाले इन्द्रियानुभूत ज्ञान ही नहीं, सूक्ष्म बौद्धिक ज्ञान के सम्बन्ध में भी अपने से अधिक पूर्ण व्यक्तियों को प्रमाण मानकर मनुष्य विकास करता आया है। अत: अध्यात्म के सम्बन्ध में ही ऐसा तर्कवाद क्यों महत्व रखेगा! फिर यह आत्मानुभूत ज्ञान इतना विच्छिन्न भी नहीं जितना समझा जाता है। साधारणत: तो प्रत्येक व्यक्ति किसी-न-किसी अंश तक इसका उपयोग करता रहता है। प्रतयक्ष ज्ञान के साथ इस ज्ञान का वैसा ही अज्ञात सम्बन्ध और अव्यक्त स्पर्श है जैसा प्रकृति की प्रत्यक्ष और प्रशान्त निस्तब्धता के साथ आँधी के अव्यक्त पूर्वाभास का हो सकता है, जो स्थितिहीनता में भी स्थिति रखता है। इसके अव्यक्त स्पर्श का अनुभव कर अनेक बार मनुष्य प्रत्यक्ष प्रमाण, बौद्धिक निष्कर्ष और अनुकूल परिस्थितियों की सीमाएँ पार कर लेने के लिए विवश हो उठता है।

कठोर विज्ञानवादी के पास भी ऐसा बहुत कुछ बच जाता है जो कार्यकारण से नहीं बाँधा जा सकता, स्थूलता के एकान्त उपासक के पास भी बहुत कुछ शेष रह जाता है जो उपयोग की कसौटी पर नहीं परखा जा सकता। और यदि केवल संख्या ही महत्व

रखती हो तो संसार के सब कोनों में ऐसे व्यक्तियों की स्थिति सम्भव हो सकी है जो आत्मानुभूत ज्ञान का अस्तित्व सिद्ध करते रहे।

अगोचर-जगत से सम्बन्ध रखने वाली रहस्यानुभूति की स्थिति भी ऐसी ही है। जहाँ तक अनुभूति का प्रश्न है वह तो स्थूल और गोचर-जगत में भी सामान्य नहीं। प्रत्येक व्यक्ति की दृष्टि फूल को फूल ग्रहण कर ले यह स्वाभाविक है, परन्तु सब के अन्तर्जगत में अनुभूति एक-सी स्थिति नहीं पा सकती। अपने संस्कार, रुचि, संवेदनशीलता के अनुसार कोई फूल से तादात्म्य प्राप्त करके भाव-तन्मय हो सकेगा और कोई उदासीन दर्शक मात्र रह जायेगा। स्थूल-जगत के सम्पर्क का रूप भी अनुभूति की मात्रा निश्चित कर सकता है, जिसने अंगारे उठा-उठा कर हाथ को कठोर कर लिया है उसकी उँगलियाँ अंगारे पर पड़ कर भी जलने की तीव्र अनुभूति नहीं उत्पन्न करेंगी पर जिसका हाथ अचानक अंगारे पर पड़ गया है उसे छाले का तीव्र मर्मानुभव करना पड़ेगा। जिसने काँटों पर लेटने का अभ्याय कर लिया है उसके शरीर में अनेक काँटों का स्पर्श तीव्र व्यथा नहीं उत्पन्न करता पर जो चलते-चलते अचानक काँटे पर पैर रख देता है उसके लिए एक काँटा ही तीव्र दुखानुभूति का कारण बन जाता है।

परन्तु इन सब खण्डशः अनुभूतियों के पीछे हमारे अन्तर्जगत में एक ऐसा व्यापक, अखण्ड और संवेदनात्मक धरातल भी है जिस पर सारी विविधायें ठहर सकती हैं। काव्य इसी को स्पर्श कर संवेदनीयता प्राप्त करता है, इसी कारण जिन सुखों-दुःखों की प्रत्यक्ष स्थिति भी हमें तीव्र अनुभूति नहीं देती उन्हीं की काव्य स्थिति से साक्षात् कर हम अस्थिर हो उठते हैं।

व्यापक अर्थ में तो यह कहा जा सकता है कि प्रत्येक सौन्दर्य या प्रत्येक सामंजस्य की अनुभूति भी रहस्यानुभूति है। यदि एक सौन्दर्य-अंश या सामंजस्य-खण्ड हमारे सामने किसी व्यापक सौन्दर्य या अखण्ड सामंजस्य का द्वार नहीं खोल देता तो हमारे अन्तर्जगत का उल्लास से आन्दोलित हो उठना सम्भव नहीं। इतना ही नहीं किसी कर्म के सौन्दर्य और सामंजस्य की अनुभूति भी रहस्यात्मक हो सकती है, इसी से मनुष्य ऐसे कर्मों को आलोक स्तम्भ बना-बना कर जीवन-पथ में स्थापित करता रहा है।

सौन्दर्य अपने समर्थन के लिए जिस सामंजस्य की ओर इंगित करता है विरूपता भी अपने विरोध के लिए उसी की ओर संकेत करती है, पर दोनों के संकेत में अन्तर है। प्रत्येक सौन्दर्य-खण्ड अखण्ड सौन्दर्य से जुड़ा है और इसी तरह हमारे हृदयगत सौन्दर्य-बोध से भी जुड़ा है, पर विरूप, व्यापक सामंजस्य का विरोध होने के कारण हमारे भीतर कोई स्वभावगत स्थिति नहीं रखता। सौन्दर्य से हमारा वह परिचय है जो अनन्त जलराशि में एक लहर का दूसरी लहर से होता है, पर विरूपता से हमारा वैसा ही मिलन है जैसा पानी में फेंके हुए पत्थर और उससे उठी लहर में सहज है। सौन्दर्य चिर परिचय में भी नवीन है पर विरूपता अति परिचय में नितान्त साधारण बन जाती है; इसी से सौन्दर्य की रहस्यानुभूति ही, अन्तहीन काव्यकथा में नये परिच्छेद जोड़ती रही है।

हमारे मूर्त और अमूर्त जगत एक-दूसरे से इस प्रकार मिले हुए हैं कि एक का यथार्थदर्शी दूसरे का रहस्यद्रष्टा बन कर ही पूर्णता पाता है।

इस अखण्ड और व्यापक चेतन के प्रति कवि का आत्मसमर्पण सम्भव है या नहीं इसका जो उत्तर अनेक युगों से रहस्यात्मक कृतियाँ देती आ रही हैं वही पर्याप्त होना चाहिए। अलौकिक रहस्यानुभूति भी अभिव्यक्ति में लौकिक ही रहेगी। विश्व के चित्रफलक पर सौन्दर्य के रंग और रूप के रेखाजाल से बना चित्र यदि अपनी रसात्मकता द्वारा हमारे लिए मूर्त का दर्शन और अमूर्त का भावन सहज कर देता है तो तर्क व्यर्थ होगा। यह तो ऐसा है जैसा किसी के अक्षयघट से प्यास बुझा-बुझा कर विवाद करना कि उसने कूप क्यों खोदा जब धरती के ऊपर भी पानी था, क्योंकि उसने धरती के ही अन्तर की अविभक्त सजलता का पता दिया है। पर यह सत्य है कि इस धरातल पर प्रत्यक्ष और अप्रत्यक्ष का सम्बन्ध रखने के लिए बुद्धि और हृदय को असाधारण एकता चाहिए।

अलौकिक आत्मसमर्पण को समझने के लिए भी लौकिक का सहारा लेना होगा। स्वभाव से मनुष्य अपूर्ण भी है और अपनी अपूर्णता के प्रति सजग भी। अतः किसी उच्चतम आदर्श, भव्यतम सौन्दर्य या पूर्ण व्यक्तित्व के प्रति आत्मसमर्पण द्वारा पूर्णता की इच्छा स्वाभाविक हो जाती है। आदर्श समर्पित व्यक्तियों में संसार के असाधारण कर्मनिष्ठ मिलेंगे, सौन्दर्य से तादात्म्य के इच्छुकों में श्रेष्ठ कलाकारों की स्थिति है और व्यक्तित्व-समर्पण ने हमें साधक और भक्त दिये हैं।

अखण्ड चेतन से तादात्म्य का रूप केवल बौद्धिक भी हो सकता है; पर रहस्यानुभूति में बुद्धि का ज्ञेय ही हृदय का प्रेय हो जाता है। इसी प्रकार रहस्यवादी का आत्मसमर्पण बुद्धि की सूक्ष्म व्यापकता से सौन्दर्य की प्रत्यक्ष विविधता तक फैल जाने की क्षमता रखता है, अतः उसमें सत् और चित् की एकता में आनन्द सहज सम्भव रहेगा।

रहस्योपासक का आत्मसमर्पण हृदय की ऐसी आवश्यकता है जिसमें हृदय की सीमा, एक असीमता में अपनी ही अभिव्यक्ति चाहती है और हृदय के अनेक रागात्मक संबंधों में माधुर्यभाव मूलक प्रेम ही उस सामंजस्य तक पहुँच सकता है, जो सब रेखाओं में रंग भर सके, सब रूपों को सजीवता दे सके और आत्मनिवेदक को इष्ट के साथ समता के धरातल पर खड़ा कर सके। भक्त और उसके इष्ट के बीच में वरदान की स्थिति संभव है ज़ो इष्ट नहीं इष्ट का अनुग्रहदान कहा जा सकता है। माधुर्यभाव-मूलक प्रेम में आधार और आधेय का तादात्म्य अपेक्षित है और यह तादात्म्य उपासक ही सहज कर सकता है, उपास्य नहीं। इसी से तन्मय रहस्योपासक के लिए आदान सम्भव नहीं पर प्रदान या आत्मदान उसका स्वभावगत धर्म है।

अनन्त रूपों की समष्टि के पीछे छिपे चेतन का तो कोई रूप नहीं। अतः उसके निकट ऐसा माधुर्यभाव-मूलक आत्मनिवेदन कुछ उलझन उत्पन्न करता रहा है।

यदि हम ध्यान से देखें तो स्थूल जगत में ऐसा आत्मसमर्पण मनुष्य के अन्तर्जगत पर ही निर्भर मिलेगा। एक व्यक्ति जिसके निकट अपने आपको पूर्ण रूप से निवेदित करके संतोष का अनुभव करता है वह सौन्दर्य, गुण, शक्ति आदि की दृष्टि से सबको विशिष्ट जान पड़े ऐसा कोई नियम नहीं। प्राय: एक के अटूट स्नेह, भक्ति आदि का आधार दूसरे के सामने इतने अपूर्ण और साधारण रूप में उपस्थित हो सकता है कि वह उसे किसी भाव का आलम्बन ही न स्वीकार करे। कारण स्पष्ट है। मनुष्य अपने अन्तर्जगत में जो कुछ भव्य छिपाये हुए है वह जिसमें प्रतिबिम्बित जान पड़ता है उसके निकट आत्मनिवेदन स्वाभाविक ही रहेगा। परन्तु यह आत्मनिवेदन लालसाजन्य आत्मसमर्पण से भिन्न है, क्योंकि लालसा अन्तर्जगत के सौन्दर्य की साकारता नहीं देखती, किसी स्थूल अभाव की पूर्ति पर केन्द्रित रहती है।

व्यावहारिक धरातल पर जिन व्यक्तियों का आत्मनिवेदन एकरस और जीवनव्यापी रह सका है उनके अन्तर्जगत और बाह्याधार में ऐसा ही बिम्ब-प्रतिबिम्ब भाव मिलता है और यह भाव अन्तर्जगत के विकास के साथ तब तक विकसित होता रहता है जब तक बाह्याधार में अन्तर्जगत के विरोधी तत्व न मिलने लगें।

अवश्य ही सूक्ष्म-जगत के आत्मनिवेदन को स्थूल-जगत के आत्मसमर्पण के साम्य से समझना कठिन होगा। पर यह मान लेने पर कि मनुष्य का आत्मनिवेदन उसी के अन्तर्जगत की प्रतिकृति खोजता है, सूक्ष्म का प्रश्न बहुत दुर्बोध नहीं रहता। रहस्यद्रष्टा जब खण्ड रूपों से चलकर अखण्ड और अरूप चेतन तक पहुँचता है तब उसके लिए अपने अन्तर्जगत के वैभव की अनुभूति भी सहज हो जाती है और बाह्य-जगत की सीमा की भी। अपनी व्यक्त अपूर्णता को अव्यक्त पूर्णता में मिटा देने की इच्छा उसे पूर्ण आत्मदान की प्रेरणा देती है। यदि इस तादात्म्य के साथ माधुर्यभाव न होता तो यह ज्ञाता और ज्ञेय की एकता बन जाता, भावभूमि पर आधार-आधेय की एकता नहीं।

प्रकृति के अस्त-व्यस्त सौन्दर्य में रूप-प्रतिष्ठा, बिखरे रूपों में गुण-प्रतिष्ठा फिर इनकी समष्टि में एक व्यापक चेतन की प्रतिष्ठा और अन्त में रहस्यानुभूति का जैसा क्रमबद्ध इतिहास हमारा प्राचीनतम काव्य देता है वैसा अन्यत्र मिलना कठिन होगा।

जीवन के स्थूल धरातल पर कर्मनिष्ठ ऋषि जब **'अग्निना रयिपश्नवत्पोषमेव दिवे दिवे यशसं वीरवत्तमम'** (प्रतिदिन मनुष्य अग्नि के द्वारा पुष्टिदायक, कीर्तिजनक और वीर पुरुषों से युक्त समृद्धि प्राप्त करता है) कहता है तब हमें आश्चर्य नहीं होता। पर जब यही बोध आकाश के अस्त-व्यस्त रंगों में नारी का रूप-दर्शन बन कर उपस्थित होता है तब हम उसकी सौन्दर्य दृष्टि पर विस्मित हुए बिना नहीं रहते।

उषो देव्यमर्त्या विभाहि चन्द्ररथा सूनृता ईरयन्ती
आ त्वा वहन्तु सुयमासौ अश्वा हिरण्यवर्णा पृथुजसो ये।

(हे कमनीय कान्तिवाली! अपने चन्द्ररथ पर, सत्य को प्रसारित करती हुई आभासित हो। उत्तम नियंत्रित हिरण्यवर्ण किरणाश्व तुझे दूर-दूर तक पहुँचावें।)

बादलों को लाने वाले मरुतगण की उपयोगिता जान लेने वाला ऋषि जब उन्हें वीर-रूप में उपस्थित करता है तब हम उसके प्रकृति में चेतना के आरोप से प्रभावित हुए बिना नहीं रहते।

अंसेषु सृष्टयः पत्सु खाद्यो वक्षः सु रुक्मा मरुतो रथे शुभाः
अग्निभ्राजसो विद्युतो गभस्त्योः क्षिप्रा शीर्षषु वितता हिरण्यमयी

(स्कन्ध पर भाले, पैरों में पदत्राण, वक्ष पर सुवर्णालंकार युक्त और रथशोभी मरुतों के हाथों में अग्नि के समान न, कान्तिमय विद्युत है और ये सुवर्ण-खचित शिरस्त्राण धारण किये हैं)

रथीव कशयाश्वां अभिक्षिपन्नाविर्दुतान कृणुते वर्ष्या अह।

विद्युत के कशाघात से बादल रूपी अश्वों को चलाते हुए रथी वीर के समान वर्षा के देव उपस्थित हो गये हैं।)

इस प्रकार रूपों की प्रतिष्ठा और व्यापारों की योजना के उपरान्त वे मनीषी अखण्ड रूप और व्यापक जीवन-धर्म तक जा पहुँचते हैं।

इसके उपरान्त हमें उनकी रहस्यानुभूति और उससे उत्पन्न जिस आत्मनिवेदन का परिचय मिलता है उसमें न रूपों की समष्टि है न व्यापारों की योजना, प्रत्युत् वह अनुभूति किसी अव्यक्त चेतन से वैयक्तिक तादात्म्य की इच्छा से संबंध रखती है।

आ अद्रुहाव वरुणश्च नावं प्र यत्समुद्रमीरयाव मध्यम।
औध यदपां स्तुभिश्चराव प्र प्रेङ्ख ईखयावन है शुभेकम।

(मैं और मेरे वरणीय देव दोनों जब नाव पर चढ़ कर उसे समुद्र के बीच में ले गये तब जल के ऊपर सुख शोभा प्राप्त करते हुए झूले में (तरंगित लहरों में) झूले।)

क्व त्यागि नौ सख्या सचावहे यदवृकं पुराचित्।

(हे वरणीय स्वामी! हम दोनों का वह पूर्व का अविच्छिन्न सख्यभाव कहाँ गया जिसे मैं व्यर्थ खोजता हूँ।)

उत स्वया तन्वा संवदे तत्कदा न्वन्तवरुणं भुवानि।

(कब मैं अपने इस शरीर से उसकी स्तुति करूँगा, उसके साथ साक्षात् संवाद करूँगा और कब मैं उस वरण योग्य के हृदय के भीतर एक हो सकूँगा।)

ऋग्वेद के इन रहस्यात्मक अंकुरों ने दर्शन और काव्य में जैसी विविधता पाई है उसे बताने की न यहाँ आवश्यकता है और न स्थान।

आधुनिक युग में कलाकार की सीमाएँ जानने के लिए जीवनव्यापी वातावरण की विषमताओं से परिचित होना, अपेक्षित रहेगा।

हमारी सामाजिक परिस्थिति में अभी तक प्रतिक्रियात्मक ध्वंसयुग ही चल रहा है। उसके संबंध में ऐसा कोई स्वस्थ और पूर्ण चित्र अंकित नहीं किया जा सकता है जिसे दृष्टि का केन्द्र बनाकर निर्माण का क्रम आरम्भ किया जा सकता। इस दिशा में हम अपने व्यक्तिगत स्वार्थ और सुविधा के अनुसार ही तोड़ने-फोड़ने का कार्य करते

चलते हैं, अत: कहीं चट्टान पर सुनार की हथौड़ी का हल्का स्पर्श होता है और कहीं राख के ढेर पर लोहार के हथौड़े की गहरी चोट। क्या संस्कृति, क्या आदर्श, सब में हमारी शक्तियों का विक्षिप्त-जैसा प्रयोग है, इसी से जो टूट जाता है वह हमारी ही आँखों की किरकिरी बनने के लिए वायुमण्डल में मँडराने लगता है और जो हमारे प्रहार से नहीं बिखरता, वह विषम तथा विरूप बन कर हमारे ही पैरों को आहत और गति को कुण्ठित करता रहता है। निर्माण की दिशा में किसी सामूहिक लक्ष्य के अभाव में व्यक्तिगत प्रयास, अराजकता के आकस्मिक उदाहरणों से अधिक महत्व नहीं पाते।

किसी भी उत्थानशील समाज और उसके प्रबुद्ध कलाकारों में जो सक्रिय सहयोग और परस्पर पूरक आदान-प्रदान स्वाभाविक है वह हमारे समाज के लिए कल्पनातीत बन गया। समाज की एक बिन्दु पर अचलता और कलाकार की लक्ष्यहीन गतिविह्वलता ने उसे एक प्रकार से असामाजिक प्राणी की स्थिति में डाल दिया है।

प्रत्येक सच्चे कलाकार की अनुभूति, प्रत्यक्ष सत्य ही नहीं अप्रत्यक्ष सत्य का भी स्पर्श करती है। उसका स्वप्न, वर्तमान ही नहीं अनागत को भी रूपरेखा में बाँधता है और उसकी भावना यथार्थ ही नहीं सम्भाव्य यथार्थ को भी मूर्तिमत्ता देती है। परन्तु इन सबकी, व्यष्टिगत और अनेक रूप अभिव्यक्तियाँ दूसरों तक पहुँचकर ही तो जीवन की समष्टिगत एकता का परिचय देने में समर्थ है।

कलाकार के निर्माण में जीवन के निर्माण का लक्ष्य छिपा रहता है, जिसकी स्वीकृति के लिए जीवन की विविधता आवश्यक रहेगी। जब समाज उसके किसी भी स्वप्न का मूल्य नहीं आँकता, किसी भी आदर्श को जीवन की कसौटी पर परखना स्वीकार नहीं करता, तब साधारण कलाकार तो सब कुछ धूल में फेंक रूठे बालक के समान क्षोभ प्रकट कर देता है और महान समाज की उपस्थिति ही भुलाने लगता है। हमारी कला के क्षेत्र में जो एक उच्छृंखल गति है उसके मूल में निर्माण की संतुलित सक्रियता से अधिक, विवश क्षोभ की अस्थिरता ही मिलेगी।

एक ओर समाज पक्षाघात से पीड़ित है और दूसरी ओर धर्म विक्षिप्त। एक चल ही नहीं सकता, दूसरा वृत्त के भीतर वृत्त बनाता हुआ एक पैर से दौड़ लगा रहा है। गर्म और ठंडे जल से भरे हुए पात्रों की निकटता जैसे उनका तापमान एक-सा कर देती है उसी प्रकार हमारे धर्म और समाज की सापेक्ष स्थिति उन्हें एक-सी निर्जीवता देती रहती है। आज तो बाह्य और आन्तरिक विकृति ने धर्म को ऐसी परिस्थिति में पहुँचा दिया है जहाँ रूढ़िग्रस्त रहने का नाम निष्ठा और रीतिकालीन प्रवृत्तियों की चंचल क्रीड़ा ही गतिशीलता है। इतना ही नहीं, इस स्वर्ग के खण्डहर का द्वारपाल अर्थ बन गया है। कलाकार यदि धर्म के क्षेत्र में प्रवेश चाहे तो उसे हाथी पर गंगा यमुनी काम की अम्बारी में जाना होगा जो उसकी निर्धनता में सम्भव नहीं।

हमारी संस्कृति ने धर्म और कला का ऐसा ग्रन्थिबन्धन किया था जो जीवन से अधिक मृत्यु में दृढ़ होता गया। क्या काव्य, क्या मूर्ति, क्या चित्र सबकी यथार्थ रेखाओं और स्थूल रूपों में अध्यात्म ने सूक्ष्म आदर्श की प्रतिष्ठा की। परन्तु जब ध्वंस

के असंख्य स्तरों के नीचे दबकर वह अध्यात्म-स्पन्दन रुक गया तब धर्म के निर्जीव कंकाल में हमें मृत्यु का ठंडा स्पर्श मिलने लगा।

शरीर को चलाने वाली चेतना का अशरीरी गमन तो प्रत्यक्ष नहीं होता, परन्तु उसके अभाव में अचल शरीर का गल-गल कर नष्ट होना प्रत्यक्ष भी रहेगा और वातावरण को दूषित भी करेगा। समन्वयात्मक अध्यात्म कब खो गया यह तो हम न जान सके, परन्तु व्यावहारिक धर्म की विविध विकृतियाँ हमारे जीवन के साथ नहीं। ऐसी स्थिति में काव्य तथा कलाओं की स्वस्थ गतिशीलता असम्भव हो उठी। निर्माण युग में जो कला-सृष्टि अमृत की संजीवनी देकर ही सफल हो सकती थी, वही, पतन-युग में मदिरा की उत्तेजनामात्र बन कर विकासशील मानी गई। मदिरा का उपयोग तो स्वयं को भुलाने के लिए है, स्मरण करने के लिए नहीं और जीवन का सृजनात्मक विकास अपनेपन की चेतना में ही संभव है। परिणामतः कलायें और काव्य जैसे-जैसे हममें विक्षिप्त की चेष्टायें भरने लगे वैसे-वैसे हम विकास पथ पर लक्ष्य भ्रष्ट होते गये।

जागरण के प्रथम चरण में हमारी राष्ट्रीयता ने अपनी व्यापकता के लिए जिस अध्यात्म का आह्वान किया, काव्य ने सौन्दर्य-काया में उसी की प्राण प्रतिष्ठा कर दी। कवि ने धर्म के धरातल पर किसी विकृत रूढ़ि को स्वीकार नहीं किया, परन्तु सक्रिय विरोध के साधनों का अभाव-सा रहा।

कुछ ने सम्प्रदायों की संकीर्णता से बाहर रह कर, आदर्श-चरित्रों को नवीन रूप-रेखा में ढाला और इसी प्रकार पुरानी सांस्कृतिक परम्परा और नई लोकभावना का समन्वय उपस्थित किया। कुछ ने धर्म के मूलगत अध्यात्म को व्यक्तिगत साधना के उस धरातल पर स्थापित कर दिया जहाँ वह हमारे अनेक रूप जीवन की, अरूप एकता का आधार भी बन सका और सौन्दर्य की विविधता की व्यापक पीठिका भी।

कुछ ने उसे स्वीकार ही नहीं किया, परन्तु उसके स्थान में किसी अन्य व्यापक आदर्श की प्रतिष्ठा न होने के कारण यह अस्वीकृति एक उच्छृंखल विरोध-प्रदर्शन मात्र रह गई। नास्तिकता उसी दशा में सृजनात्मक विकास दे सकती है जब ईश्वरता से अधिक सजीव और सामंजस्यपूर्ण आदर्श जीवन के साथ चलता रहे। जहाँ केवल अविश्वास ही उसका सम्बल है वहाँ वह जीवन के प्रति भी अनास्था उत्पन्न किये बिना नहीं रहती। और जीवन के प्रति अविश्वासी व्यक्ति का, सृजन के प्रति भी अनास्थावान हो जाना अनिवार्य है। ऐसी स्थिति का अंतिम और अवश्यम्भावी परिणाम। जीवन के प्रति व्यर्थता की भावना और निराशा ही होती है। इसी से सच्चा कवि या कलाकार किसी न किसी आदर्श के प्रति आस्थावान रहेगा ही।

आज तो कवि धर्म के अक्षयवट और राजदरबार के कल्पवृक्ष की छाया बहुत पीछे छोड़ आया है। परिवर्तनों के कोलाहल में काव्य जब से मुकुट और तिलक से उतर कर मध्य वर्ग के हृदय का अतिथि हुआ तब से आज तक वहीं है। और सत्य कहें तो कहना होगा कि उस हृदय की साधारणता ने कवि के नेत्रों से वैभव की चकाचौंध दूर

कर दी और विषाद ने कवि को धर्मगत संकीर्णताओं के प्रति असहिष्णु बना दिया। छायावाद का कवि धर्म के अध्यात्म से अधिक दर्शन के ब्रह्म का ऋणी है जो मूर्त और अमूर्त विश्व को मिलाकर पूर्णता पाता है। बुद्धि के सूक्ष्म धरातल पर कवि ने जीवन की अखंडता का भावन किया, हृदय की भावभूमि पर उसने प्रकृति में बिखरी सौन्दर्यसत्ता की रहस्यमयी अनुभूति प्राप्त की और दोनों को मिलाकर एक ऐसी काव्य-सृष्टि उपस्थित कर दी जो प्रकृतिवाद, हृदयवाद, अध्यात्मवाद, रहस्यवाद आदि अनेक नामों का भार सँभाल सकी।

धर्म ने यदि अपने को कूप के समान पत्थरों से बाँध लिया है तो राजनीति ने धरती के ढाल पर पड़े पानी के समान अनेक धाराओं में विभक्त होकर शक्ति को बिखरा डाला है।

पिछले पच्चीस वर्षों में विश्व के राजनीतिक जीवन में जो-जो आदर्श उपस्थित किये गये उनमें से एक को भी अभी तक पूर्ण विकास का अवसर नहीं मिल सका है। पुराना पर स्वार्थी साम्राज्यवाद नवीन पर क्रूर नात्सीज्म और फासिज्म, अध्यात्मप्रधान गांधीवाद, जनसत्तात्मक साम्यवाद, समाजवाद आदि सब रेल के तीसरे दरवाजे के छोटे डिब्बे में ठसाठस भरे उन यात्रियों-जैसे हो रहे हैं जो एक-दूसरे के सिर पर सवार होकर ही खड़े रहने का अवकाश और विवाद में ही मनोरंजन के साधन पा सकते हैं। इनमें से मानव-कल्याण पर केन्द्रित विचारधाराओं को भी शताब्दियाँ तो दूर रहीं अभी विकास के लिए पचास वर्ष भी नहीं मिल सके हैं। एक की सीमाएँ स्पष्ट हुए बिना ही दूसरी अपने लिए स्थान बनाने लगती है और इस प्रकार विश्व का राजनीतिक जीवन परस्पर विरोधिनी शक्तियों का मेला मात्र रह गया है।

हमारा राजनीतिक वातावरण भी कुछ कम विषम और छिन्न-भिन्न नहीं। वास्तव में हमारी राष्ट्रीयता जनता की पुत्री होने के साथ-साथ धर्म और पूँजी की पोष्या पुत्री भी तो है, अतः दोनों ओर के गुण-अवगुण उसे उत्तराधिकार में मिलते रहे हैं। उसकी छाया में धार्मिक विरोध भी पनप सके और आर्थिक वैषम्य से उत्पन्न बौद्धिक मतभेद भी विकास पाते रहे।

इसके अतिरिक्त हमारी राष्ट्रीयता की गतिशीलता के लिए आध्यात्मिक धरातल पर भी एक सैनिक-संगठन अपेक्षित था और सैनिक-संगठन की कुछ अपनी सीमाएँ रहेंगी ही। सेना में सब वीर और जय के विश्वासी ही रहें ऐसी सम्भावना सत्य नहीं हो सकती। पर जो व्यक्ति, स्वार्थ या परार्थ के लिए, विवशता या अन्तर की प्रेरणा से, यथार्थ की असुविधा या आदर्श की चेतना के कारण, सेना की परिधि में आ गये उन सभी को बाह्य-वेशभूषा और गति की दृष्टि से एक-सा रहना पड़ेगा। इस प्रकार सैनिक-संगठन में बाह्य एकता का जो महत्त्व है वह आन्तरिक विशेषता का नहीं, और यह त्रुटि हमारी राष्ट्रीयता में भी अनजाने ही अपना स्थान बनाने लगी।

यह कुछ संयोग की ही बात नहीं कि इस युग में कोई महान कलाकार राजनीति की कठिन रेखा के भीतर स्वच्छन्दता की साँस न ले सका। जहाँ तक हमारी कविता

और कलाओं का प्रश्न है वे अनाथालय के जीवों के समान सब द्वारों पर अपना अनाथपन गाने को स्वतंत्र रहीं, परन्तु हर द्वार पर उनके गीत के लिए स्वरताल निर्दिष्ट और विषय निश्चित थे। जो नीति ने सुनना चाहा वह समाज को नहीं भाया और जो समाज को रुचिकर हुआ वह राष्ट्रीयता की स्वीकृति न पा सका।

ऐसी स्थिति में कलाकार यदि नवीन प्रेरणाओं को, जीवन की व्यापक पीठिका पर प्रतिष्ठित कर सकता तो उसका लक्ष्य स्पष्ट और पथ परिष्कृत हो जाता, परन्तु हमारे समाज की छिन्न-भिन्नता ने यह कार्य सहज नहीं रहने दिया। इस विषम मानव समष्टि में, सौ में चौरानबे मनुष्य तो जड़ और निर्धन श्रमजीवी हैं जिनकी स्थिति का एकमात्र उपयोग शेष छै के लिए सुविधाएँ जुटाना है। और शेष छै में, अकर्मण्य धनजीवी, उच्च बुद्धिजीवी, निम्नबुद्धिजीवी श्रमिक आदि इस प्रकार एकत्र हैं कि एक की विकृति से दूसरा गलता-छीजता रहता है।

केवल धनजीवियों में, किसी जाति की स्वस्थ विशेषताओं और व्यापक गुणों को खोजना व्यर्थ का प्रयास है। उनकी स्थिति तो उस रोग के समान है जो जितना अधिक स्थान घेरता है उतना ही अधिक स्वास्थ्य का अभाव प्रकट करता है और जैसे-जैसे तीव्र होता है वैसे-वैसे जीवन के संकट का विज्ञापन बनता जाता है। नितान्त निर्धन बुद्धिजीवी वर्ग जैसे एक ओर उच्च बनने की आकांक्षा और दूसरी ओर अभाव की शिलाओं से दब कर टूट जाता है उसी प्रकार सर्वथा समृद्ध भी उच्चताजनित वर्ग और सुविधाओं के दृढ़ साँचे में पथराता रहता है।

जिस बुद्धिजीवी वर्ग को इस विराट पर निश्चेष्ट जाति का मस्तिष्क बनने का अधिकार है उसने धनजीवी की सुखलिप्सा और अपने समाज की संकीर्णता के साथ ही नव जागरण को स्वीकृति दी है। अत: एक शरीर में दो प्रेतात्माओं के समान, उसके जीवन में दो भिन्न प्रवृत्तियाँ उछल-कूद मचाती रहती हैं। विषमताओं से उत्पन्न संकीर्णता से पोषित स्वभाव को इस युग की विशेषताओं ने ऐसा रूप दे दिया है जिसमें पुराना स्वार्थ घनीभूत है और नवीन ज्ञान पुंजीभूत।

विज्ञान के चरम विकास ने हमारी आधुनिकता को एकांगी बुद्धिवाद में इस तरह सीमित किया कि आज जीवन के किसी भी आदर्श को उसके निरपेक्ष सत्य के लिए स्वीकार करना कठिन है। परिणामत: एक निस्सार बौद्धिक उलझन भी हमारे हृदय की सम्पूर्ण सरल भावनाओं से अधिक सारवती जान पड़े तो आश्चर्य ही क्या है! इस ज्ञान-व्यवसायी युग में बिना स्थायी पूँजी के ही सिद्धान्तों का व्यापार सहज हो गया है, अत: न अब हमें किसी विश्वास का खरापन जाँचने के लिए अपने जीवन की कसौटी को बनाना पड़ता है न किसी आदर्श का मूल्य आँकने के लिए जीवन की विविधता समझने की आवश्यकता होती है। हमारा बिखरा जीवन इतना व्यक्तिप्रधान है कि प्राय: वैयक्तिक भ्रान्तियाँ भी समष्टिगत सत्य का स्थान ले लेती हैं और स्वार्थ-साधन के प्रयास ही व्यापक गतिशीलता के पर्याय बन जाते हैं।

जहाँ तक जीवन का प्रश्न है, उसे सजीवता के वैभव में देखने का न बुद्धिवादी को अवकाश है और न इच्छा। वह तो उसे दर्पण की छाया के समान स्पर्श से दूर रखकर देखने का अभ्यास करते-करते स्वयं इतना निर्लिप्त हो गया है कि उसे ज्ञान का रजिस्टर मात्र कहना चाहिए। जीवन के व्यापक स्पन्दन से वह जितना दूर हटता जाता है उतना ही विकास के मूल तत्वों से अपरिचित बनता जाता है। और अन्त में उसका भारी पर अज्ञानात्मक ज्ञान उसी के जीवन की उष्णता को ऐसे दबा देता है जैसे छोटी-सी चिनगारी को राख का ढेर। आज की आवश्यकताओं के अनुसार वह संसार भर के सम्बन्ध में बहुत ज्ञातव्य जानता है। परन्तु अपनी धरती की अनुभूति के बिना ये ज्ञान-बीज घुनते रहने के लिए ही उसके मस्तिष्क की सारी सीमा घेरे रहते हैं।

हमारे बुद्धिजीवी वर्ग में अधिकांश तो मानसिक हीनता की भावना में ही पलते और बढ़ते हैं। उनका बाह्य जीवन ही, समुद्र पार के कतरे-ब्योंते आच्छादनों से अपनी नग्नता नहीं छिपाये हैं, अन्तर्जगत को भी वहीं से लोहार की धौंकनी-जैसा स्पन्दन मिल रहा है। उनका पंगु-से-पंगु स्वप्न भी विदेशी पंख लगा लेने पर स्वर्ग का संदेशवाहक मान लिया जाता है। उनका विरूप-से-विरूप आदर्श भी पश्चिमीय साँचे में ढल कर सुन्दरतम के अतिरिक्त और कोई संज्ञा नहीं पाता। उनका मूल्यहीन-से-मूल्यहीन सिद्धान्त भी दूसरी संस्कृति की छाया का स्पर्श करते ही पारसों का शिरोमणि कहलाने लगता है। उनका दरिद्र-से-दरिद्र विचार भी देशी परिधान में विदेशी पाबन्द लगाकर समस्त विचार-जगत का एकछत्र सम्राट स्वीकार कर लिया जाता है।

ऐसे अव्यवस्थित बुद्धिजीवियों में संस्कृति की रेखायें टूटी हुई और जीवन का चित्र अधूरा ही मिलेगा।

केवल श्रम ही जिसे स्पन्दन देता है उस विशाल मानव समूह की कथा कुछ दूसरी ही है। बुद्धिजीवियों से उनका सम्पर्क छूटे हुए कितना समय बीता होगा, इसका अनुमान, बिन्दु-बिन्दु से समुद्र बने हुए उसके अज्ञान और तिल-तिल करके पहाड़ बने हुए अभावों से लगाया जा सकता है। आज उसकी जड़ता की खाईं इतनी गहरी और चौड़ी हो गई है कि बुद्धिजीवी उस ओर झाँकने के विचार मात्र से सभीत हो जाता है, पार करना तो दूर की बात है।

साधारणतः शारीरिक श्रम और बुद्धि-व्यवसाय एक-दूसरे की गति के अवरोधक हैं, इसी से प्रायः विचारों को उलझन से छुटकारा पाने का इच्छुक एक-न-एक श्रम का कार्य आरम्भ कर देता है। इसके अतिरिक्त और भी एक स्पष्ट अन्तर है। बुद्धि जीवन को सूक्ष्मता से स्पर्श करती है। परन्तु उसकी सम्पूर्णता पर एक व्यापक अधिकार बनाये रखना नहीं भूलती। इसके विपरीत, श्रम पूरा भार डाल कर ही जीवन को अपना परिचय देता है, परन्तु उसकी सम्पूर्णता को सब ओर से नहीं घेरता। प्रायः बुद्धि-व्यवसाय जितनी शीघ्रता से जीवनीशक्ति का क्षय कर सकता है, उतनी शीघ्रता की क्षमता श्रम में नहीं। इसी से जीवन के व्यावहारिक धरातल पर, बुद्धि-व्यवसायी का कुछ शिथिल और अस्त-व्यस्त मिलना जितना सम्भव है श्रमिक का दृढ़ और

व्यवस्थित रहना उतना ही निश्चित। नैतिकता की दृष्टि से भी श्रम मनुष्य को नीचे गिरने की इतनी सुविधा नहीं देता जितनी बुद्धि दे सकती है, क्योंकि श्रमिक के श्रम के साथ उसकी आत्मा का बिक जाना सम्भाव्य ही है, परन्तु बुद्धि-विक्रेता की तुला पर उसकी आत्मा का चढ़ जाना अनिवार्य रहता है।

श्रम की स्फूर्तिदायक पवित्रता के कारण ही सब देशों में सब युगों के संदेशवाहक और साधक उसे महत्व दे सकते हैं। अनेक तो जीवन के आदि से अन्त तक उसी को आजीविका का साधन बनाये रहे। इस प्रकार जहाँ कहीं जीवन की स्वच्छ और स्वाभाविक गति है वहाँ श्रम की किसी-न-किसी रूप में स्थिति आवश्यक रहती है।

केवल श्रम-ही-श्रम के भार और विश्राम देने वाले साधनों के नितान्त अभाव ने हमारे श्रमजीवी जीवन का समस्त सौन्दर्य नष्ट कर दिया है। यह स्वाभाविक भी था। जिस मिट्टी से घर बनाकर हम आँधी, पानी, धूप आदि से अपनी रक्षा करते हैं, वही जब अपनी निश्चित स्थिति को छोड़कर हमारे ऊपर ढह पड़ती है तब वज्रपात से कम संहारक नहीं होती। इस मानव-समष्टि ने ज्ञान के अभाव में रूढ़ियों को अतुल गहराई दे दी है यह मिथ्या नहीं और अर्थवैषम्य ने इसकी दयनीयता को असीम बना डाला है, यह सत्य है, परन्तु सब कुछ कह-सुन चुकने पर इतना तो स्वीकार करना ही होगा कि श्रम का यह उपासक केवल बुद्धिव्यापारी से अधिक स्वाभाविक मनुष्य भी है और जातीय गुणों का उससे अधिक विश्वसनीय रक्षक भी। इतना ही नहीं, युगों से सूक्ष्म परिष्कार और सीमित विस्तार पाने वाली, नृत्य, गीत, चित्र आदि कलाओं के मूल रूप भी वह सँजोये है और उपयोगी शिल्पों की विविध व्यावहारिकता भी सँभाले है। जीवन के संघर्ष में ठहरने की वह जितनी क्षमता रखता है उतनी किसी बुद्धिवादी में संभव नहीं। वास्तव में उसके पारस-प्रसाद के लिए बुद्धिजीवी ही विभीषण बन गया, अन्यथा उसके जीवन में, विकृतियों की इतनी बिखरी सेना का प्रवेश, सहज न हो पाता।

हमारे कवि, कलाकार आदि बुद्धिजीवियों के विभिन्न स्तरों में उत्पन्न हुए और वहीं पले हैं। अतः अपने वर्ग के संस्कारों का अंशभागी और गुण-अवगुणों का उत्तराधिकारी होना, उनके लिए स्वाभाविक ही रहेगा। उनके मस्तिष्क ने अपने वातावरण की विषमता का ज्ञान, बहुत विस्तार से संचित किया और उनके हृदय ने व्यक्तिगत सीमा से सुख-दुःख को बहुत तीव्रता से अनुभव किया। विभिन्न संस्कारों की धूप-छाया, विविधताभरी भावभूमि और चिन्तन की अनेक दिशाओं ने मिलकर उनके जीवन को एक सीमित स्थिति दे दी थी, परन्तु उस एक स्थिति को सम्पूर्ण वातावरण में सार्थकता देने के लिए समष्टि का वही स्पर्श अपेक्षित था जो फूल को समीर से मिलता है—सजीव, निश्चित पर व्यापक। जिस समाज में उनकी स्वाभाविक स्थिति थी वह विषमताओं में बिखर चुका था, उससे ऊँचे वर्ग के अहंकार और कृत्रिमता ने उससे परिचय असम्भव कर दिया था और निम्न में उतरने पर उन्हें आभिजात्य के खो जाने का भय था, फलतः उन्होंने अपने एकाकीपन के शून्य को अपनी ही प्यास की आग

और निराशा के पाले से इस तरह भर लिया कि उनका हर स्वप्न मुकुलित होते ही झुलस गया और प्रत्येक आदर्श अंकुरित होते ही ठिठुर चला।

बीज केवल अकेले रहने के लिए, अन्य बीजों की समष्टि नहीं छोड़ता। वह तो नूतन समष्टि संभव करने के लिए ही ऐसी पृथक स्थिति स्वीकार करता है। यदि वही बीज पुरानी धरती और सनातन आकाश की अवज्ञा करके, अपनी असाधारणता बनाये रखने के लिए वायु पर उड़ता ही रहे तो संसार के निकट अपना साधारण परिचय भी खो बैठेगा।

कवि-कलाकार, साहित्यकार, सब, समष्टिगत विशेषताओं को नव-नव रूपों में साकार करने के लिए ही उससे कुछ पृथक खड़े जान पड़ते हैं। परन्तु यदि वे अपनी असाधारण स्थिति को जीवन की व्यापकता में साधारण न बना सकें तो आश्चर्य की वस्तु मात्र रह जायेंगे। महान-से-महान कलाकार भी हमारे भीतर कौतुक का भाव न जगाकर, एक परिचय भरा अपनापन ही जगायेगा, क्योंकि वह धूमकेतु-सा आकस्मिक और विचित्र नहीं, किन्तु ध्रुव-सा निश्चित और परिचित रहकर ही हमें मार्ग दिखाने में समर्थ है।

आज कलाकार समष्टि का महत्व समझता है, परन्तु इस बोध के साथ भी उसके सम्पूर्ण जीवन की स्वीकृति नहीं है। बौद्धिक धरातल पर चिर उपेक्षित मानवों की प्रतिष्ठा करते समय उसे अपनी विशालता की जितनी चेतना है उतनी अपने देवताओं की नहीं। ऐसी स्थिति बहुत स्पृहणीय नहीं, क्योंकि वह सिद्धान्तों को व्यापार का सहज साधन बन जाने की सुविधा दे देती है। जीवन के स्पन्दन से शून्य होकर सिद्धान्त जब धर्म, समाज, नीति आदि की संकीर्ण पीठिका पर प्रतिष्ठित हो जाते हैं तब वे व्यवसाय-वृत्ति को जैसी स्वीकृति देते हैं वैसी जीवन के विकास को नहीं दे पाते। साहित्य काव्य आदि के धरातल पर भी इस नियम का अपवाद नहीं मिलेगा।

नवीन साहित्यकार और कवि के बुद्धि-वैभव और अनुभूति की दरिद्रता ने ऐसी क्रियाशीलता को जन्म दे दिया है जो सिद्धान्तों को माँज-धो कर रात-दिन चमकाती रहती है, पर जीवन में जंग लग जाने देती है। वे अपने जीवन से बिना कुछ दिये ही एक पक्ष से सब कुछ ले आना चाहते हैं और दूसरे को बहुत मूल्य पर देने की इच्छा रखते हैं। इस बनजारावृत्ति से उन दो पक्षों को लाभ होने की सम्भावना कम रहती है। काव्य में तो जीवन का निरन्तर स्पर्श और उसकी मार्मिक अनुभूति सबसे अधिक अपेक्षित है। अत: यह प्रवृत्ति न उसे गहराई देती है न व्यापकता, यह युग यथार्थवादी है, अत: जीवन के स्पन्दन के बिना उसका यथार्थ इतना शीतल हो उठता है कि अश्लील उत्तेजनाओं से उसमें कृत्रिम उष्णता भरी जाती है।

पिछले स्वप्नयुग के लिए यथार्थ-ज्ञान जितना आवश्यक था आज के यथार्थयुग के लिए जीवन का सम्पर्क उससे सहस्रगुणा अधिक आवश्यक है। कठोर पाषाण से लेकर सूक्ष्म स्वप्न तक सब में शरीर की जो स्थिति सहज है वह उसकी यथार्थता में सम्भव नहीं। जहाँ वह मांसलता के साथ है वहाँ निर्जीव होते ही, गलने, विकृति होने का

ऐसा क्रम आरम्भ हो जाता है जो तब तक नहीं रुकता जब तक शरीर मिट्टी नहीं हो जाता।

पिछली दु:खरागिनी का वायुमंडल और आज की दु:ख-कथा का धरातल भी ध्यान देने योग्य है। बाह्य संसार की कठोर सीमाओं और अन्तर्जगत की असीमता की अनुभूति ने उस दु:ख को एक अन्तर्मुखी स्थिति दे दी थी। ऐसा दु:ख प्राय: जीवन के आन्तरिक सामंजस्य की प्राप्ति का लक्ष्य लेकर चलता है। फलत: उसकी संवेदनीयता में गति की वैसी ही मर्मस्पर्शिता रहती है जिसे कालिदास ने—

रभ्याणि वीक्ष्य मधुरांश्च निशम्य शब्दा-
न्पर्युत्सको भवति यत्ससुखितोऽपि जन्तु:.....

आदि के द्वारा व्यक्त किया है और वैसी ही व्यापकता मिलती है जिसकी ओर, भवभूति ने **'एको रस: करुण एवं निमित्तभेदात्'** कह कर संकेत किया है। ऐसी वेदना को दूसरे के निकट संवेदनीय बनाने के लिए अपने हृदय की अतल गहराई की अनुभूति आवश्यक है और उसे व्यापकता देने के लिए जीवन की एकता का भावन।

आज के दु:ख का संबंध जीवन के स्थूल धरातल की विषमता से रहता है, अत: समष्टि को आर्थिक आधार पर बाह्य सामंजस्य देने का आग्रह इसकी विशेषता है।

इस धरातल पर यह सहज नहीं कि एक की असुविधा की अनुभूति दूसरे में वैसी ही प्रतिध्वनि उत्पन्न कर सके। जिन क्षणों में भोजन की इच्छा नहीं उनमें एक व्यक्ति के लिए अन्य दु:ख, चिन्ता आदि की अनुभूति जैसी सहज है वैसी भूख की व्यथा की नहीं परन्तु उन्हीं परिस्थितियों में यह अनुभूति तब स्वाभाविक हो जायेगी जब वह दूसरे वुभुक्षित से सच्चा तादात्म्य प्राप्त कर सके।

आँखों से दूर बाहर गाने वाले की करुण रागिनी हममें प्रतिध्वनित होकर एक अव्यक्त वेदना जगा सकती है, परन्तु प्रत्यक्ष ठिठुरते हुए नग्न भिखारी का दु:ख तब तक हमारा न हो सकेगा जब तक हमारा उससे वास्तविक तादात्म्य न हो जावे। व्यावहारिक जीवन में भी हमारे भौतिक अभाव उन्हीं को अधिक स्पर्श करते हैं जो हमारे निकट होते हैं, जो दूरत्व के कारण ऐसे तादात्म्य की शक्ति नहीं रखता उसके निकट हमारी पार्थिव असुविधाओं का विशेष मूल्य नहीं।

लक्ष्यत: एक होने पर भी अन्तर्जगत के नियम को भौतिक जगत नहीं स्वीकार करता। उसमें हमें अपनी गहराई में दूसरों को खोजना पड़ता है और इसमें दूसरों की अनेकता में अपने आपको खो देना। दूसरे की आँखें भर लाने के लिए हमें आँसुओं में डूब जाने की आवश्यकता रहती है, परन्तु दूसरे के डबडबाए हुए नेत्रों की भाषा समझने के लिए हमें अपने सुख की स्थिति को, दूसरे के दु:ख में डुबा देना होगा। जब एक व्यक्ति दूसरे के दु:ख में अपने दु:ख को मिला कर बोलता है तब उसके कण्ठ में दो का बल होगा। जब तीसरा, उन दोनों के दु:ख में अपना दु:ख मिला कर बोलता है तब उसके कण्ठ में तीन का बल होगा, और इसी क्रम से जो असंख्य व्यक्तियों के दु:ख में अपना दु:ख खोकर बोलता है उसके कण्ठ में असीम बल रहना अनिवार्य है।

बाह्य विषमताओं में जिन्होंने सामंजस्य स्थापित करने का अथक प्रयत्न किया उन क्रान्ति-साधकों के जीवन भी इसी सत्य का समर्थन करेंगे। उनकी व्यक्तिगत सुविधाएँ-असुविधाएँ समष्टि की सुविधा-असुविधा में इस प्रकार मिल गईं कि लक्ष्य प्राप्ति के उपरान्त भी वे लेने वालों की पंक्ति में नहीं खड़ी की गईं। केवल अपने लिए माँगने वाला भिखारी कहा जा सकता है, परन्तु सबके लिए माँगने वाला, देने वालों का स्वामी ही रहेगा।

इस कथन का यह तात्पर्य नहीं कि प्रत्येक व्यक्ति को इसी सीमा तक बीतराग होना चाहिए। परन्तु जीवन का कोई महान नियम या सिद्धान्त ऐसा नहीं जो व्यक्ति की क्षुद्रतम सीमा में भी एक-न-एक स्थिति न रख सके।

यथार्थदर्शी कवि यदि अपने ही समाज के जीवन को बहुत सच्चाई से व्यक्त करता तो शुष्क सिद्धान्तवाद के स्थान में सजीवता और स्वाभाविकता रहती। पर उस जीवन के साथ कवि की स्थिति वैसी ही है जैसी नीम के तने से फूट आने वाली पीपल की शाखा की। वह नीम से चाहे पीपल कहलाये, परन्तु अपने पोषण के लिए तो उसी नाम पर आश्रित रहेगी, अत: नीम से भिन्न उसकी स्थिति शून्य के अतिरिक्त और कुछ नहीं। अपने समाज की सृष्टि होने के कारण वह उस जीवन की कृत्रिमता और विषमता के स्पर्श से रहित नहीं और जब अपनी ही विरूपता का विस्तार या संकोच देखना हो, तो दर्पण का आकाश विशेष आकर्षण रखता है, न छोटी आरसी।

उपर्युक्त परिस्थितियों में कवि ने जिस चिर उपेक्षित मानव-समष्टि से बल प्राप्त करना चाहा उसके प्रति भी उसके दो कर्तव्य आवश्यक हो उठे—एक तो उस जीवन को इतनी सजीवता से चित्रित करना कि उपेक्षा करने वाले उस ओर देखने पर विवश हों और दूसरे उन मानवों में इतनी चेतना जाग्रत करना कि वे स्वयं अपना महत्व समझें और दूसरों को समझा सकें। दोनों ही लक्ष्यों तक पहुँचने के लिए उस जीवन का निकट परिचय पहली सीढ़ी है।

यदि आज का कवि अपनी बौद्धिक ऊँचाई से उतनी निम्न भूमि पर उतर सकता तो उस धरातल के जीवों के कण्ठ में वाणी आ जाने की भी संभावना थी और इसके कण्ठ में सत्य का बल आ जाने की भी। उस स्थिति में उस जीवन के चित्र इतने सजीव और बोलते हुए बन जाते कि उपेक्षा करने वाले न उन्हें अनदेखा कर पाते न अनसुना। यह उससे नहीं हो सका, क्योंकि मनुष्य का अहंकार ऐसा है कि प्रासादों का भिखारी कुटी का अतिथि देवता बनना भी स्वीकार नहीं करेगा।

केवल बौद्धिक चेतना के कारण यथार्थोन्मुख कवि ने उस पीड़ित-जीवन के मानचित्र और विकृतियों की रेखागणित लेकर ही कार्य आरम्भ किया था, जैसे-जैसे यह साधन अधिक अपटु और कम सहृदय व्यक्तियों के हाथ में पड़ते जाते हैं वैसे-वैसे अपने संकेत और सार्थकता खोते जाते हैं। दलित जीवन की सुनी-सुनायी शोक-कथा का जैसा प्रदर्शन होता है वह आँसुओं के अभाव और शरीर के व्यायाम से भरे-पूरे स्यापे के निकट आता जा रहा है जिससे मृतक के गुण गा-गा कर उसकी परोक्ष आत्मा को

शोकाञ्जलि दी जाती है ! सिद्धान्तों की रक्षा इस प्रकार हो सकती है, परन्तु प्रेरणा सम्बन्धी समस्या का तो यह समाधान नहीं।

इन अधूरे चित्रों का आधार तो उस बलिपशु के समान है जो न देवता का ज्ञान रखता है, न कुमकुम फूल चढ़ाने वाले को जानता है और न बधिक को पहचानता है।

जहाँ तक उपेक्षा करने वालों का प्रश्न है वे तो युगों से इन स्पन्दित कंकालों को देखते आ रहे हैं। जब यही उनके हृदय को नहीं छू पाते तब कोरे सिद्धान्त उन्हें कैसे प्रभावित करेंगे। उनके कठोर स्तरों के भीतर एक हृदय होने की सम्भावना है, परन्तु उसे संवेदनशील बनाने के लिए जीवन का बहुत निश्चित और मार्मिक स्पर्श चाहिए, केवल प्रवचन और व्याज-निन्दा नहीं। इसके अतिरिक्त जीवन-सम्पर्क से शून्य सिद्धान्तवाद ही विकृति की उर्वरा भूमि है। समाज, धर्म, नीति, साहित्य आदि किसी भी क्षेत्र में सिद्धान्त, जीवनव्यापी सत्य का प्रयोग रूप होकर ही उपस्थित हो सकते हैं, अत: उनके प्रयोक्ता जीवन की जितनी गहरी अनुभूति रखते हैं उतना ही व्यापक ज्ञान। उनके परवर्ती आलस्य और प्रमादवश ज्यों-ज्यों जीवन से दूर हटते जाते हैं त्यों-त्यों लीक पीटने की परम्परा ही गति का पर्याय बनती जाती है।

आज के सिद्धान्त कल्याणोन्मुख होने पर भी यदि जीवन की दूरी में ही जन्म और विकास पा रहे हैं तो उनका भविष्य और भी संदिग्ध हो जाता है। यदि इस अभिशप्त युग का सन्तप्त पर प्रतिनिधि कवि या साहित्यकार ही जीवन के निकट सम्पर्क को नहीं सह सकता तो उसके अनुगामी, इस अनायास मिली परम्परा को छोड़कर जीवन खोजने जा सकेंगे, ऐसा विश्वास कठिन है।

और यह तो निश्चित ही है कि आज का सिद्धान्त यदि जीवन के स्पर्श से निरन्तर नवीनता न पाता रहे तो कल रूढ़ि मात्र रह जायेगा। इसके अतिरिक्त हमारी विकृति के मूल अर्थ के साथ वह जातीयता भी है जो जन्म से ही एक को पवित्र और पूजार्ह और दूसरे को अपवित्र तथा त्याज्य बना देती है। आज जीवन के निकट परिचय के साथ कवि में उस अखण्डता का भावन भी अपेक्षित है जो मनुष्य को एक ही धरातल पर समानता दे सके।

यथार्थवाद के पास दलित वर्ग को छोड़कर जो एक और चिरन्तन विषय रह जाता है वह है नारी। पिछला युग इसे बादल, तारे, सन्ध्या के रंग आदि में छिपा आया था, अत: यथार्थ ने छायाग्राही बन कर उसे धूल में खींच ही नहीं लिया, वरन् वह, जीवन के सब स्तर दूर करके उसके कंकाल की नाप-जोख करना चाहता है। इस स्थिति का परिणाम समझने के लिए मानवी को, जीवन की पृष्ठभूमि पर देखना होगा।

नारी केवल मांसपिण्ड की संज्ञा नहीं है। आदिम काल से आज तक विकास-पथ पर पुरुष का साथ देकर, उसकी यात्रा को सरल बनाकर उसके अभिशापों को स्वयं झेलकर और अपने वरदानों से जीवन में अक्षय शक्ति भरकर, मानवी ने जिस व्यक्तित्व, चेतना और हृदय का विकास किया है, उसी का पर्याय नारी है। किसी भी जीवित जाति ने उसके विविध रूपों और शक्तियों की अवमानना नहीं की। परन्तु किसी भी

मरणासन्न जाति ने, अपने मृत्यु की व्यथा कम करने के लिए उसे मदिरा से अधिक महत्व नहीं दिया।

पिछले जागरण युग ने अपने पूर्ववर्ती युग से जो जीव पाया था उसे तो मानवी के स्थान में, सौन्दर्य का ध्वस्त आविष्कार-विभाग कहना उचित होगा। जाग्रत युग के आदर्शवादी कवि ने मलिनता में मिली पुरानी मूर्ति के समान उसे स्वच्छ और परिष्कृत करके ऊँचे सिंहासन पर प्रतिष्ठित तो कर दिया, परन्तु वह उसे गतिशीलता देने में असमर्थ रहा। छायायुग ने उस कठोर अचलता से शापमुक्ति देने के लिए नारी को प्रकृति के समान ही मूर्त और अमूर्त स्थिति दे डाली। उस स्थिति में सौन्दर्य को एक रहस्यमयी सूक्ष्मता और विविधत प्राप्त हो जाना सहज हो गया, पर जीवन की यथार्थ सीमा रेखाएँ धुँधली और अस्पष्ट होती गईं।

आज के यथार्थवादी को उस सौन्दर्य के स्वप्न और शक्ति के आदर्श को सजीव साकारता देनी होगी, अतः उसका कार्य व्यंजनों के आविष्कारक से अधिक महत्वपूर्ण और सूक्ष्मता के उपासक से अधिक कठिन है।

जहाँ तक नारी की स्थिति का प्रश्न है वह आज इतनी संज्ञाहीन और पंगु नहीं कि पुरुष अकेले ही उसके भविष्य और गति के सम्बन्ध में निश्चय कर ले। हमारे राष्ट्रीय जागरण में उसका सहयोग महत्वपूर्ण और बलिदान असंख्य हैं। समाज में वह अपनी स्थिति के प्रति विशेष सजग और सतर्क हो चुकी है। साहित्य को कुछ ही वर्षों में उसकी सजीवता का जैसा परिचय मिल चुका है वह भी उपेक्षणीय नहीं। इसके अतिरिक्त इस संक्रान्ति काल में सभी देशों की नारी अपने कठिन त्यागों से अर्जित गृह, सन्तान तथा जीवन को अरक्षित देखकर और पुरुष की स्वभावगत पुरानी बर्बरता का नया परिचय पाकर, सम्पूर्ण शक्ति के साथ जाग उठती है। भारतीय नारी भी इसका अपवाद नहीं।

ऐसे ही अवसर पर यथार्थवाद ने एक ओर नारी की वैज्ञानिक शव-परीक्षा आरम्भ की है और दूसरी ओर उसे उच्छृंखल विलास का साधन बनाया है।

वैज्ञानिक परीक्षा के संबंध में यह स्मरण रखना आवश्यक है कि नारी ऐसा यंत्र मात्र नहीं जिसके सब कल-पुर्जों का प्रदर्शन ही, ज्ञान की पूर्णता और उनका संयोजन ही क्रियाशीलता हो सके। पुरुष व्यक्ति मात्र है, परन्तु स्त्री उस संख्या से कम नहीं, जिसके प्रभाव की अनेक दिशाएँ हैं और सृजन में रहस्यमयी विविधता रहती है। वास्तव में संसार का कोई भी महत्वपूर्ण सृजन बहुत स्पष्ट निरावरण नहीं होता। धरती के अप्रत्यक्ष हृदय में अंकुर की सृष्टि होती है, अन्धकार की गहनता के भीतर से दिन का आविर्भाव होता है और अन्तर की रहस्यमयी प्रेरणा से जीवन को विकास मिलता है। नारी भी स्थूल-से-स्थूल तक न जाने कितने साधनों से जीवन और जाति के सर्वतोन्मुखी निर्माण में सहायक होती है।

निर्जीव शरीर विज्ञान ही उसके जीवन की सृजनात्मक शक्तियों का परिचय नहीं दे सकता। वास्तव में उसके पूर्ण विकासशील सहयोग को प्राप्त करने के लिए वैज्ञानिक

दृष्टि ही नहीं, हृदय का वह संस्कार भी अपेक्षित रहेगा जिसके बिना मनुष्य का कोई सामाजिक मूल्य नहीं ठहरता।

और आज की परिस्थितियों में, अनियंत्रित वासना का प्रदर्शन स्त्री के प्रति क्रूर व्यंग्य ही नहीं, जीवन के प्रति विश्वासघात भी है।

नारी-जीवन की अधिकांश विकृतियों के मूल में पुरुष की यही प्रवृत्ति मिलती है, अतः आधुनिक नारी नये नामों और नूतन आवरणों में भी इसे पहचानने में भूल नहीं करेगी। उसके स्वभाव में परिस्थितियों के अनुसार अपने आपको ढाल देने का संस्कार भी शेष है और उसके जीवन में अनुदित बढ़ता हुआ विद्रोह भी प्रवाहशील है। यदि वह पुरुष की इस प्रवृत्ति को स्वीकृति देता है तो जीवन को बहुत पीछे लौटा ले जाकर एक श्मशान में छोड़ आती है और यदि उसे अस्वीकार करती है तो समाज को बहुत पीछे छोड़ शून्य में आगे बढ़ जाती है, स्त्री के जीवन के तार-तार को जिसने तोड़ कर उलझा डाला है। उसके अणु-अणु को जिसने निर्जीव बना दिया है और उसके सोने के संसार को जो धूल के मोल लेती रही है, पुरुष की वही लालसा, आज की नारी के लिए, विश्वस्त मार्गदर्शिका न बन सकेगी।

छायावाद की छायामयी को आघात पहुँचाने के लिए यह प्रयोग ऐसा ही है जैसा आकाश के रंगों को काटने के लिए दो धार वाली तलवार चलाना, जो एक ओर चलाने वाले के हाथ थकाती रहती है और दूसरी ओर समीपवर्तियों को चोट पहुँचाती है। वे रंग तो मनुष्य की अपनी दृष्टि में घुले-मिले हैं। छाया-युग की नारी, पुरुष के सौन्दर्यबोध, स्वप्न, आदर्श आदि का प्रतीक है। आज पुरुष यदि उस प्रतीक को जीवन की पीठिका पर प्रतिष्ठित करने की क्षमता नहीं रखता तो क्षम्य है। परन्तु अपनी ही अर्चित मूर्ति को पैरों तले कुचलने के लिए यदि वह जीवित नारी को अपनी कुत्सा में समाधि देना चाहे, मधु सौरभ पर पली हुई अपनी ही सृष्टि को आत्मसात करने की इच्छा से, नारी के अस्तित्व के लिए क्रव्याद बन जावे तो उसका अपराध अक्षम्य हो उठेगा।

भारतीय पुरुष जीवन में नारी का जितना ऋणी है उतना कृतज्ञ नहीं हो सका। अन्य क्षेत्रों के समान साहित्य में भी उसकी स्वभावगत संकीर्णता का परिचय मिलता रहा है। आज का यथार्थ यदि इस सनातन अकृतज्ञता का ब्योरेवार इतिहास बनाकर तथा पुराने अपकारों की नवीन आवृत्तियाँ रचकर ही उऋण होना चाहता है तो यह प्रवृत्ति वर्तमान स्थिति में आत्मघात सिद्ध होगी।

विकासशील गति के संबंध में यह स्मरण रखना आवश्यक है कि वह स्वास्थ्य का लक्षण है व्याधि का नहीं। साधारणतः सन्निपातग्रस्त में स्वस्थ से अधिक अस्थिरता होती है। डाल में लगे सजीव पत्ते से अधिक खरखराहट भरी गति उस सूखे पत्ते में रहती है जो आँधी पर दिशाहीन सरसर उड़ता घूमता है। टूटा हुआ तारा स्थायी तारे से अधिक तीखी रेखा पर दौड़ता है।

शरीर से सबल, बुद्धि से निश्चित और हृदय से विश्वासी पार्थिक वही है जो कहीं पर्वत के समान अडिग रहकर बवंडर को आगे जाने देता है और कहीं प्रवाह के समान चंचल होकर शिलाओं को पीछे छोड़ आता है।

इस दिशा में आलोचक का कर्तव्य जितना महत्वपूर्ण था उतने उत्तरदायित्व के साथ उसका निर्वाह न हो सका।

छायावाद को तो शैशव में कोई सहृदय आलोचक ही नहीं मिल सका। द्विवेदी युग के संस्कार लेकर जो आलोचना चल रही थी उसने नवीन कवियों को विक्षिप्त प्रमाणित करने में सारी शक्ति लगा दी और नये कवियों ने अपने कठिन हृदय आलोचकों को प्राचीनता का भग्नावशेष कहकर संतोष कर लिया। जब यह कवि अपने विकास के मध्याह्न में पहुँच गये तब उन्हें भक्त मिलना ही स्वाभाविक हो गया।

छायावाद एक प्रकार से अज्ञात कुलशील बालक रहा, जिसे सामाजिकता का अधिकार ही नहीं मिल सका। फलतः उसने आकाश, तारे, फूल, निर्झर आदि से आत्मीयता का सम्बन्ध जोड़ा और उसी संबंध को अपना परिचय बनाकर मनुष्य के हृदय तक पहुँचने का प्रयत्न किया। आज का यथार्थवाद, बुद्धि और साम्यवाद का ऐसा पुत्र है जिसके आविर्भाव के साथ ही, आलोचक जन्म कुण्डली बना-बनाकर उसके चक्रवर्तित्व की घोषणा में व्यस्त हो गये। स्वयं उसके जीवन और विकास के लिए कैसे वायुमण्डल, कैसी धूपछाया और कितने नीर-क्षीर की आवश्यकता होगी इसकी उन्हें चिन्ता नहीं।

आज के कवि और आलोचक की परिस्थितियों में विशेष अन्तर है। कवियों में एक-दो अपवाद छोड़कर शेष ऐसी अनिश्चित स्थिति में रहे और रहते आ रहे हैं जिसमें न लिखने का अनिवार्य परिणाम, उपवास-चिकित्सा है। इसके विपरीत आलोचकों में दो-एक अपवाद छोड़कर शेष की स्थिति इतनी निश्चित है कि लिखना, अध्यापन और स्वाध्याय का आवश्यक फल हो जाता है। वे अपने से उच्च वर्ग की गृह-परिग्रह जीवन संबंधी सुविधाएँ देखकर खिन्न होते हैं। अवश्य, पर यह खिन्नता जीवन की विशेष गहराई से संबंध नहीं रखती, अतः उनका कार्य प्रस्ताव के अनुमोदन से अधिक महत्व नहीं रखता।

एक दीर्घकाल से हमारा बुद्धिजीवी वर्ग जीवन के स्वाभाविक और सजीव स्पर्श से दूर रहने का अभ्यस्त हो चुका है। परिणामतः एक ओर उसका मस्तिष्क विचारों की व्यायामशाला बन जाता है और दूसरी ओर हृदय, निर्जीव चित्रों का संग्रहालय मात्र रह जाता है। आलोचक भी इसी वर्ग का प्रतिनिधि होने के कारण मानसिक पूँजीवाद और जीवन का दारिद्र्य साथ लाये बिना न रह सका। जीवन की ओर लौटने की पुकार उसकी ओर से नहीं आती, क्योंकि ऐसी पुकार स्वयं उसी के जीवन को विरोधाभास बना देगी। व्यावहारिक धरातल पर भी वह, एक अथक विवादैषणा के अतिरिक्त कोई निश्चित कसौटी नहीं दे सका जिस पर साहित्य और काव्य का खरा-खोटापन विश्वास के साथ परखा जा सके।

समाज के विभिन्न स्तरों से उसका सम्पर्क इतना कम और पीड़ित वर्ग से उसका परिचय इतना बौद्धिक है कि व्यक्तिगत सिद्धान्तप्रियता, समष्टिगत जीवन की उपेक्षा बन जाती है। पीड़ित वर्ग की पूँजी से चाहे जितना व्यक्तिगत व्यापार चले उसका हृदय नहीं कसकता; गति के बहाने चाहे जीवन ही कुचल दिया जावे पर उसका आसन नहीं डोलता; यथार्थ के नाम पर नारी का क्रूर चीर हरण होता रहे पर वह धृतराष्ट्र की भूमिका नहीं छोड़ सकता।

उसका कर्तव्य वैसा ही निश्चित और एकरस है जैसा अस्त्र रखने का लाइसेन्स देने वाले का होता है। लेने वाला यदि निश्चित नियमों की परिधि में आ जाता है तो वह अस्त्र पाने का अधिकारी है, चाहे वह उसे चींटी पर चलावे, चाहे तारे पर और चाहे मारने के लिए कुछ न रहने पर आत्मघात करे। देने वाले पर इसका लेशमात्र भी उत्तरदायित्व नहीं। ज्यों-ज्यों आलोचक में महाजन का तकाजे भरा आत्मविश्वास बढ़ता जाता है त्यों-त्यों कवि में ऋणी का बहाने भरा दैन्य गहरा होता जा रहा है। नया कवि अपने अनेक वाणी में बोलने वाले नये आलोचक से उतना ही आतंकित है जितना दरबारी कवि, राजा के षड्यंत्रकारी मंत्री से हो सकता था।

किशोरता जीवन का वह वर्षाकाल है जो हर गढ़े को भर कर धरती को तरल समता देना चाहता है, हर बीज को उगा कर धूल को हरा-भरा कर देने के लिए आतुर हो उठता है, पर वह जड़ों को गहराई देने के लिए नहीं रुकता, तट बनाने को नहीं ठहरता। इसके विपरीत प्रौढ़ता उस शरद-जैसी रहेगी जो जल को तट देती है, पर सुखाकर रेत भी कर सकती है, अच्छे अंकुरों को स्थायित्व देती है, पर विषैली जड़ों को भी गहराई दे सकती है। साधारणतः किशोर अवस्था में स्नेह के स्वप्न कोमल और जीवन के आदर्श सुन्दर ही रहते हैं—उनमें न वासना की उत्कट गन्ध स्वाभाविक है और न विकृत मनोवृत्तियों की पंकिलता।

कवि कोई स्वप्न न देखे ऐसा नियम आलोचक नहीं बना पाया, पर वह कुरूप स्वप्न ही देखे ऐसा नियन्त्रण उसके अधिकार में है, फलतः कवि दण्ड की परिधि से बाहर, अपनी स्वाभाविक प्रवृत्तियों को एक सौन्दर्यलोक में घुमाता रहता है और दण्ड की परिधि में, उन्हें संसार भर की कुत्सित वेश-भूषा में उपस्थित कर देता है। एक कंकाल की रेखाएं खींच कर वह तीन सौन्दर्य-दृश्य आंक लेता है, एक मजदूरनी की शव-परीक्षा करके वह पाँच रहस्यमय स्नेहगीत गा लेता है और इस प्रकार अपने गृद्धदृष्टि आलोचक में दृष्टिभ्रम उत्पन्न करता रहता है।

प्रौढ़ मस्तिष्क की कथा दूसरी है, क्योंकि इस अवस्था में बद्ध-मूल संस्कार ही विशेष महत्व रखते हैं। यदि उसके स्वभावगत संस्कार स्वस्थ और अविकृत हैं तो वह जीवन की कुत्सा के भीतर मिले सत्य को भी स्पर्श मात्र से सुन्दर कर लेता है, और यदि अपने युग की विकृतियाँ और अस्वस्थ प्यास ही उसकी पूँजी है तो वह उसे बढ़ाने के लिए विकृत-से-विकृततर हो जाता है।

इस प्रकार आज का गतिशील साहित्य एक वृत्त के भीतर गतिशील है। इस संकीर्ण वृत्त में धर्म का वह विद्वेष भी उपस्थित है जो मानव को मील का पत्थर और तिलक-छाप को चरम लक्ष्य मानता है और राजनीति का वह विरोध भी मिलता है जो अपनी रेखा के भीतर कंकड़-पत्थर को देवता कहता है और उससे बाहर खड़े मनुष्य को कटि-पतंग की संज्ञा देता है।

आज की सभी विकृतियों और संकीर्णताओं का एकमात्र उपाय जीवन में घुल-मिल जाना है। अपनी त्रुटि के सम्बन्ध में जो यह कहता है कि आज अवकाश नहीं वह मानो उस त्रुटि को फैलाने के लिए जीवन भर का अवकाश दे देता है।

नष्ट करने योग्य वस्तुओं में जीवन की विरूप छाया ही है जो उस दिन स्वयं बदल जायेगी, जिस दिन यथार्थदर्शी सत्य का द्रष्टा होकर जीवन को सौन्दर्य से अभिषिक्त कर देगा।

अपने युग का शिव बनने का इच्छुक कवि हलाहल पान के लिए संसार भर से निमंत्रण की याचना करके अपने ही शिवत्व को संदिग्ध बना रहा है।

३

दीप-शिखा में मेरी कुछ ऐसी रचनाएँ संग्रहीत हैं जिन्हें मैंने रंगरेखा की धुँधली पृष्ठभूमि देने का प्रयास किया है। सभी रचनाओं को ऐसी पीठिका देना न सम्भव होता है और न रुचिकर, अतः रचनाक्रम की दृष्टि से यह चित्रगीत बहुत बिखरे हुए ही रहेंगे। शैशव ही से मैं गीतों के संस्कार में पली हूँ। माँ की भावभरी गीताञ्जलियाँ, घर में जन्म, विवाह आदि शुभ अवसरों पर गाई जाने वाली गीत-कथाएँ, परिचारकों के ऋतु, पर्व आदि से सम्बन्ध रखने वाले लोकगीत, कलाविदों का ध्वनि-संगीत, प्राचीन ज्ञान और सौन्दर्य द्रष्टाओं के वेद-छन्द, माधुर्य भरे संस्कृत और प्राकृत पद और पिछले अनेक वर्षों में सुने सहज ग्रामगीत सभी के प्रति मेरा स्वाभाविक आकर्षण रहा है। इस गीत-परम्परा के संबंध में कभी विस्तार से कहने की इच्छा है। इस समय तो इतना ही पर्याप्त होगा कि मेरे गीत अध्यात्म के अमूर्त आकाश के नीचे लोक गीतों की धरती पर पले हैं।

काव्य की ऊँची-ऊँची हिमालय-श्रेणियों के बीच में गीति-मुक्तक एक सजल कोमल मेघ-खण्ड है जो न उनसे दब कर टूटता है और न बँधकर रुकता है, प्रत्युत हर किरण से रंगस्नात होकर उन्नत चोटियों का श्रृंगार कर आता है और हर झोंके पर उड़-उड़ कर उस विशालता के कोने-कोने में अपना स्पन्दन पहुँचाता है।

साधारणतः गीत वैयक्तिक अनुभूति पर इतना आश्रित है कि कथा-गीत और नीतिपद तक अपनी संवेदनीयता के लिए व्यक्ति की भावभूमि की अपेक्षा रखते हैं। अलौकिक आत्मसमर्पण हो या लौकिक स्नेहनिवेदन, तात्कालिक उल्लास-विषाद हो या शाश्वत सुख-दुखों का अभिव्यंजन, प्रकृति का सौन्दर्य-दर्शन हो या उस सौन्दर्य में चैतन्य का अभिनन्दन, सब में गेयता के लिए हृदय अपनी वाणी में संसार-कथा कहता चलता है। संसार के मुख से हृदय की कथा, इतिहास अधिक है गीत कम।

आज हम ऐसे बौद्धिक युग में जा रहे हैं जो हृदय को मांसल यंत्र और उसकी कथा को वैज्ञानिक आविष्कारों की पद्धति मात्र समझता है; फलतः गीत की स्थिति कठिन-से-कठिनतर होती जा रही है।

गेयता में ज्ञान का क्या स्थान है, यह भी प्रश्न है। बुद्धि के तर्कक्रम से जिस ज्ञान की उपलब्धि हो सकती है उसका भार गीत नहीं संभाल सकता; पर तर्क से परे इन्द्रियों की सहायता के बिना भी हमारी आत्मा अनायास ही जिस सत्य का ज्ञान प्राप्त कर लेती है उसकी अभिव्यक्ति में गेय स्वर सामंजस्य का विशेष महत्व रहा है। वेदगीतों के विश्वचिन्तन से सन्तों के जीवनदर्शन तक फैली हुई हमारी गीत-परम्परा इस आत्मानुभूत ज्ञान की आभारी है। पर यह आत्मानुभूत ज्ञान आत्मा के संस्कार और व्यक्तिगत साधना पर इतना निर्भर है कि इसकी पूर्ण प्राप्ति और सफल अभिव्यक्ति सबके लिए सहज नहीं। इसी कारण वेदकालीन मनीषियों का आत्मानुभूत ज्ञान और उसकी सामंजस्यपूर्ण अभिव्यक्ति सब युगों में सम्भव न हो सकी।

रहस्य-गीतों का मूलाधार भी आत्मानुभूत अखण्ड चेतना है, पर वह साधक की मिलन-विरह की मार्मिक अनुभूतियों में इस प्रकार घुल-मिल सका कि उसकी लौकिक स्थिति भी लोक-सामान्य हो गयी। भावों के अनन्त वैभव के साथ ज्ञान की अखण्ड व्यापकता की स्थिति वैसी ही है जैसी, कहीं रंगीन कहीं सितासित, कहीं सघन, कहीं हल्के कहीं चाँदनी-धौत और कहीं अश्रुस्नात बादलों से छाये आकाश की होती है, व्यक्ति अपनी दृष्टि को उस अनन्त रूपात्मकता के किसी भी खण्ड पर ठहरा कर आकाश पर भी ठहरा लेता है। अतः आनन्द और विषाद को मर्मानुभूति के साथ-साथ उसे एक अव्यक्त और व्यापक चेतन का स्पर्श भी मिलता रहता है। पर ऐसे गीतों में निर्गुण ज्ञान और सगुण अनुभूति का जैसा सन्तुलन अपेक्षित है वैसा अन्य गीतों में आवश्यक नहीं, क्योंकि आधार यदि बहुत प्रत्यक्ष हो उठे तो बुद्धि उसे अपनी परिधि से बाहर न जाने देगी और भाव, यदि अव्यक्त सूक्ष्म हो जावे तो हृदय उसे अपनी सीमा में न रख सकेगा। रहस्यगीतों में आनन्द की अभिव्यक्ति के सहारे ही हम चित् और सत् तक पहुँचते हैं।

सगुणोन्मुख गीतों में सत्‌चित् की रूप प्रतिष्ठा के द्वारा ही आनन्द की अभिव्यक्ति सम्भव हो सकती है, इसी से कवि को बहुत अन्तर्मुख नहीं होना पड़ता। वह रूपाधार के परिचय द्वारा हृदय के मर्म तक पहुँचने का सहज मार्ग पा लेता है। सगुण-गायक अनेक रंग लेकर एक सीमित चित्रफलक को रँगता है, अतः वह उस निर्गुण-गायक से भिन्न रहेगा जिसके पास रंग एक चित्रपट शून्य असीम है। एक की निपुणता रंगों के अभिनव चटकीलेपन पर निर्भर है और दूसरे की, रेखाओं की चिर नवीन अनन्तता पर। भक्त यदि जीवनदर्शी है तो उसके गीत की सीमित लौकिकता से असीम अलौकिकता वैसे ही बँधी रहेगी जैसे दीप की लौ से आलोक-मण्डल और यदि रहस्यद्रष्टा तन्मय आत्मनिवेदक है तो उसके गीत की अलौकिक असीमता से, लौकिक सीमाएँ वैसे ही फूटती रहेंगी जैसे अनन्त समुद्र में हिलोरें।

वास्तव में सगुणगीत में जीवन की विस्तृत कथात्मकता के लिए भी इतना स्थान है कि वह लोकगीत के निकट आ जाता है। लोकगीत की सुलभ इतिवृत्तात्मकता का इसे कम भय है और भावों की अति साधारणता का खटका भी अधिक नहीं, पर उसकी सरल संवेदनीयता की सब सीमाओं तक इसकी पहुँच रहती है।

हमारी गीत-परम्परा विविधरूपी है, पर उसका वही रूप पूर्णतम है जो भावभूमि का सच्चा स्पर्श पा सकता है। गीत का चिरन्तन विषय रागात्मिका वृत्ति से सम्बन्ध रखने वाली सुख-दु:खात्मक अनुभूति ही रहेगी। पर अनुभूति मात्र गीत नहीं, क्योंकि गेयता तो अभिव्यक्ति सापेक्ष है। साधारणत: गीत व्यक्तिगत सीमा में तीव्र सुख-दु:खात्मक अनुभूति का वह शब्दरूप है जो अपनी ध्वन्यात्मकता में गेय हो सके।

कलाओं में चित्र ही काव्य का अधिक विश्वस्त सहयोगी होने की क्षमता रखता है। मूर्ति कठिनतम सीमाओं में बँधी होने के अतिरिक्त रंगों की पृष्ठभूमि असम्भव कर देती है। इसमें एक ही भाव को मूर्तिमत्ता दी जा सकती है और वह भी रंगहीन।

नृत्य भी शरीर की चेष्टाओं पर आश्रित होने के कारण मूर्ति के बंधनों से सर्वथा मुक्त नहीं वह एक प्रकार का अभिनीत गीत है। भौतिक आधार अर्थात् स्थूल माध्यम से स्वतंत्र संगीत काव्य के अधिक निकट है, परन्तु अपनी ध्वनि-सापेक्षता के कारण वह काव्य को दृष्टि का विषय बनाने में समर्थ नहीं।

माध्यम की दृष्टि से चित्र, सूक्ष्म और स्थूल के मध्य में स्थिति रखता है। देश-सीमा के बन्धन रहते हुए भी वह रंगों की विविधता और रेखाओं की अनेकता के सहारे काव्य को रंगरूपात्मक साकारता दे सकता है। अमूर्त भावों का जितना मूर्त वैभव चित्रकला में सुरक्षित रह सकता है उतना किसी अन्य कला में सहज नहीं, इसी से हमारे प्राचीन चित्र जीवन की स्थूलता को जितनी दृढ़ता से संभाले हैं, जीवन की सूक्ष्मता को भी उतनी ही व्यापकता में बाँधे हुए हैं।

व्यक्तिगत रूप से मुझे मूर्तिकला विशेष आकर्षित करती है, क्योंकि उसमें कलाकार के अन्तर्जगत का वैभव ही नहीं बाह्य आयाम भी अपेक्षित रहता है। दुर्भाग्यवश उसे सीखने का मुझे कभी अवकाश ही नहीं मिल सका, अत: मिट्टी की मूर्तियाँ गढ़-गढ़कर, मैं कुम्भकारों को दीक्षा देने की पात्रता प्राप्त करती रही हूँ।

चित्रकला में भी बहुत छोटे-से ज्ञानबीज पर मैंने रंग-रेखा की शाखाएँ फैला दी हैं। ललितकला हो या उपयोगी शिल्प, सभी को कुछ शीघ्र ही ग्रहण कर लेने की मुझमें सहज शक्ति है, इसी से चित्र बनाने से लेकर कपड़ा बुनने तक सब कुछ मैं अनायास ही कर लेती हूँ। परन्तु यह सत्य है कि कपड़ा बुनकर वह तृप्ति नहीं प्राप्त होती जो चित्र अंकित कर लेने पर स्वाभाविक है। और कविता लिखने के समय तो मेरे मन, बुद्धि, हृदय, सब एक ऐसी सामंजस्यपूर्ण तन्मय स्थिति में रहते हैं कि मैं उसे कलाशिल्प की परिधि से बाहर रखना चाहूँगी; दोनों में उतना ही अन्तर है जितना देवता के सामने पुजारी की एकान्त अर्चना और उसके प्रसाद-वितरण में रहता है।

मेरे गीत और चित्र दोनों के मूल में एक ही भाव रहना जितना अनिवार्य है उनकी अभिव्यक्तियों में अन्तर उतना ही स्वाभाविक गीत में विविध रूप, रंग, भाव, ध्वनि सब एकत्र है। पर चित्र में इन सबके लिए स्थान नहीं रहता। उसमें प्राय: रंगों की विविधता और रेखाओं के बाहुल्य में भी एक ही भाव अंकित हो पाता है, इसी से मेरा चित्र गीत को एक मूर्त्त पीठिका मात्र दे सकता है, उसकी सम्पूर्णता बाँध लेने की क्षमता नहीं रखता।

कुछ अजन्ता के चित्रों पर विशेष अनुराग के कारण और कुछ मूर्तिकला के आकर्षण से, चित्रों में यत्र-तत्र मूर्ति की छाया आ गई है। यह गुण है या दोष यह तो मैं नहीं बता सकती पर इस चित्र-मूर्ति सम्मिश्रण ने मेरे गीत को भार से नहीं दबा डाला है ऐसा मेरा विश्वास है। रंगों की दृष्टि से मैं बहुत थोड़े और विशेषत: नीले, सफेद से ही काम चला लेती हूँ। जहाँ कई को मिलाना आवश्यक होता है, वहाँ ऐसे मिलाना अच्छा लगता है कि किसी की स्वतंत्र सत्ता न रह सके। दीप-शिखा के चित्र तो एक ही रंग में बने थे, अत: उनके भाव अंकन में आयाम भी अधिक हुआ और इस अभाव-युग में उनके मूलरूपों की संतोषजनक प्रतिकृति देना भी असम्भव हो गया।

प्रकृति का शान्त रूप जैसे मेरे हृदय को एक चंचल लय से भर देता है उसका रौद्र रूप वैसे ही आत्मा को प्रशान्त स्थिरता देता है। अस्थिर रौद्रता की प्रतिक्रया ही सम्भवत: मेरी एकाग्रता का कारण रहती है। मेरे अन्तर्मुखी गीतों में तो यह एकाग्रता ही व्यक्त हो सकती है, परन्तु चित्र में उनका बाह्य वातावरण भी चित्रित हो सका है। मेरे निकट आँधी, तूफान, बादल, समुद्र आदि कुछ ऐसे विषय हैं जिन पर चित्र बनाना अनायास और बना लेने पर आनन्द स्थायी होता है।

जीवन की दृष्टि से मैं बहुधन्धी हूँ, अत: एकान्त काव्य-साधना का प्रश्न उठाना ही व्यर्थ होगा।

साधारणत: मुझे भाव-विचार और कर्म का सौन्दर्य समान रूप से आकर्षित करता है, इसी में किसी एक में जीवन की पूर्णता पा लेना मेरे लिये सहज नहीं, भाव और विचारजगत की सब सीमाएँ न छू सकने पर भी मेरे कर्मक्षेत्र की विविधता कम सारवती नहीं।

विशाल साहित्यिक परिवार के हर्ष-शोक मेरे अपने हैं, परन्तु उससे बाहर खड़े व्यक्तियों की सुख-दुख-कथा भी मुझे पराई नहीं लगती। अपने सुशिक्षित सुसंस्कृत विद्यार्थियों से साहित्यालोचन करके मुझे प्रसन्नता होती है, परन्तु अपने मलिन दुर्बल जिज्ञासुओं को वर्णमाला पढ़ाने में भी मुझे कम सुख नहीं मिलता।

जहाँ तक मेरा प्रश्न है मैंने उस उपेक्षित संसार में बहुत कुछ भव्य पाया है, अन्यथा सभ्य समाज में इतनी दूरी असह्य हो जाती।

अनेक बार उनके लोकगीत सुनकर ऐसा भी लगा है कि वह भाव मेरे गीत में होता, ''एक कदम की डार बसैं दो पेखियाँ'' गाने वाली मेरी ग्रामीण सखी इस गीत

को अपने जीवन की अन्योक्ति बनाकर गाती है। साधारण शाब्दिक अर्थ में यह गीत दो विहगों के कारण विछोह की कथा है। परन्तु उसे अलौकिक अर्थ में ग्रहण कर लेने में मुझे कोई कठिनाई नहीं होती। अपने छोटे घर के द्वार पर टेढ़ा-मेढ़ा स्वस्तिक बनाकर उसके दोनों ओर हाथ की छाप लगाने वाली सरल गृहिणी की कल्याण-कामना चाहे बहुत स्पष्ट न हो, पर मूलतः यह मेरी उस भावना से भिन्न नहीं जिसके कारण मैं शून्य भित्ति पर बुद्ध का चित्र बना देना चाहती हूँ।

इस समय का एक और भी कारण है। हमारे इस उपेक्षित वर्ग ने भारतीय नारी की आत्मा पाई है—विश्वासी, सहनशील और अश्रुस्नात, इसी से उस ओर के जीवन से मेरा नितान्त अपरिचय सम्भव नहीं।

काव्य इतना मूल्यवान क्यों हो कि सब तक न पहुँच सके, यह भी समस्या है।

एक बहुत बड़े मानव-समूह को हमने ऐसी दुर्दशा में रख छोड़ा है जहाँ साहित्य का प्रवेश कल्पना की वस्तु है। यह समाज, हृदय की बात समझता है पर व्यक्ति के माध्यम से। धर्म के माध्यम से उसने जो प्राचीन पद-साहित्य ग्रहण कर लिया है वह भी काव्य की दृष्टि से कभी पढ़ा-समझा नहीं जाता। उस धरातल पर अर्थ का प्रश्न कैसा सर्वग्रासी बन चुका है यह कहने की आवश्यकता नहीं। ऐसे समाज में काव्य पहुँचाने से अधिक महत्व का प्रश्न मनुष्य पहुँचाना है जो अपनी सहज संवेदना से उनके हृदय तक पहुँच कर बुद्धि की खोज-खबर ले सके।

इन दुर्भाग्यग्रस्त प्राणियों में ऐसे व्यक्ति कम नहीं जो या तो परिश्रम के योग्य नहीं या परिश्रम करके भी जीने की सुविधा नहीं पाते, जब तक मैं अन्य कार्य करने में समर्थ हूँ मेरे साहित्य के अर्थ-पक्ष पर केवल उन्हीं का अधिकार है।

जिनके पास ऐसी कृतियाँ पहुँच सकती हैं उनकी स्थिति कुछ दूसरी है। हमारे यहाँ लेखक ही विशिष्ट पाठक है और ये परस्पर आदान-प्रदान में ही एक-दूसरे की कृतियाँ पढ़ते-सुनते हैं। उच्च बुद्धिजीवियों के पुस्तकालय ऐसे स्वर्ग हैं जहाँ अखण्ड पुण्यफल से ही हिन्दी की रचना प्रवेश पा सकती है और पा लेने पर भी वह विदेशीय पवित्रात्माओं के बीच में कोई स्थान नहीं बना पाती। साधारण बुद्धिजीवी का जीवन कृत्रिमता के भार से इतना दब गया है कि अब वह हँसने, रोने का भी अवकाश नहीं पाता। अपनी कृत्रिमता में अनावश्यक अंश को भी वह जितना मूल्यवान समझता है, उतना किसी श्रेष्ठतम कृति को नहीं मानता। जहाँ तक विशिष्ट विद्यार्थी-वर्ग का प्रश्न है उसकी इतिहास, राजनीति आदि से सम्बन्ध रखने वाली विदेशीय पुस्तक भी हिन्दी की असाधारण कृति से अधिक मूल्य रखती है। इतना ही नहीं दरिद्रतम विद्यार्थी भी ऐसी पुस्तकें क्रय करने पर बाध्य हैं जिन्हें वह जीवन भर साथ नहीं रखना चाहता और परीक्षा के अन्त में पुरातन पुस्तकों के चिकित्सालय को सौंप आता है।

कलाकार सब तक पहुँच सके यह एक उजले भविष्य का सुन्दर स्वप्न है। इस अंधकार के युग में तो सब अपने-अपने पथ पर अकेले ही चल रहे हैं, अतः अपने चलने की सीमा नापने के लिये स्मृति-चिह्न छोड़ना आवश्यक हो जाता है।

हमारा युग दुर्बलताओं और ध्वंस का युग है और दुर्बलता तथा ध्वंस जितने प्रसारगामी होते हैं, शक्ति और निर्माण उतने नहीं हो सकते। शक्ति और गुण मनुष्य को असाधारणता देते हैं, अतः उन्हें दूसरे तक अनायास पहुँचा देना संभव नहीं। दूसरे व्यक्ति यदि इस असाधारणता के प्रति श्रद्धालु हैं तो यह पूजा की वस्तुमात्र रह जायेगी और यदि ईर्ष्यालु हैं तो यहाँ इसका विकृत कायाकल्प हो जायेगा।

दुर्बलता और अवगुण मनुष्य को अति साधारणतः दे देते हैं, अतः पूजा या ईर्ष्या दोनों के लिये इसमें स्थान नहीं। कुछ स्वाभाविक प्रवृत्ति के कारण और कुछ दूसरों की शक्ति के प्रति ईष्यालु होने के कारण मनुष्य अपनी दुर्बलता और अवगुण अन्य व्यक्तियों में पहुँचाने के लिये विशेष क्रियाशील रहता है।

हमारा युग स्वान्तःसुखाय की सात्विकता पर चाहे विश्वास न करे, पर स्वस्वार्थाय की व्यावहारिकता पर उसकी निष्ठा अपूर्व है।

एक निष्क्रिय बुद्धिवाद और हृदयशून्य सक्रियता भी उसका अभिशाप है। ऐसी स्थिति में अपनी विरूपताओं को संक्रामक बनाने का जितना भय है, उतना शक्ति पहुँचाने की इच्छा का विश्वास नहीं।

व्यक्तिगत रूप से स्वान्तः सुखाय की मंगल-भावना पर भी मेरा विश्वास है और उसके लिये आवश्यक आत्मनिरीक्षण पर भी। क्षण भर में बीज को दिखा देने वाले ऐन्द्रजालिक का वैभव मेरे साथ नहीं और अपनी विकलांगता के बल पर याचना करने वाले भिक्षुक की दरिद्रता भी मेरे पास नहीं। मैं तो विश्वास के साथ तिल-तिल मिट कर कण-कण बनाती हूँ, अतः मेरे निकट बिना मूल्य मिली जय से वह पराजय अधिक मूल्यवान ठहरेगी जो जीवन की पूर्ण शक्ति-परीक्षा ले सके।

आज के युग में मुझे नामसिद्ध जातक के उस पापक का स्मरण हो आता है जो अपने अमांगलिक नाम से दुःखी होकर गुरु-आज्ञा से उपयुक्त नाम ढूँढ़ने निकला; पर जीवक को मृत, धनपाली को निर्धन और पंथक को मार्ग भूला हुआ देखने के उपरान्त नाम को प्रज्ञप्ति मात्र समझ कर अपने ही नाम से संतुष्ट हो गया। केवल नाम तो कोई अर्थसिद्ध नहीं और प्रज्ञप्तिमात्र मेरा कोई लक्ष्य नहीं।

दीप-शिखा में अविश्वास का कोई कम्पन नहीं है। नवीन प्रभात के वैतालिकों के स्वर के साथ इसका ध्यान रहे, ऐसी कामना नहीं, पर रात की सघनता को इसकी लौ झेल सके, यह इच्छा तो स्वाभाविक ही रहेगी।

रामनवमी
सन् १९४२ ई०

—महादेवी

दीप-शिखा

१

दीप मेरे जल अकम्पित,
घुल अचंचल!

सिन्धु का उच्छ्वास घन है,
तड़ित्, तम का विकल मन है,
भीति क्या नभ है व्यथा का
आँसुओं से सिक्त अंचल!

स्वर-प्रकम्पित कर दिशायें,
मीड़, सब भू की शिरायें,
गा रहे आँधी-प्रलय
तेरे लिये ही आज मंगल।

मोह क्या निशि के वरों का,
शलभ के झुलसे परों का,
साथ अक्षय ज्वाल का
तू ले चला अनमोल सम्बल!

पथ न भूले, एक पग भी,
घर न खोये, लघु विहग भी,
स्निग्ध लौ की तूलिका से
आँक सबकी छाँह उज्ज्वल।

हो लिये सब साथ अपने,
मृदुल आहटहीन सपने,
तू इन्हें पाथेय बिन, चिर
प्यास के मरु में न खो, चल!

धूम में अब बोलना क्या,
क्षार में अब तोलना क्या!
प्रात हँस रोकर गिनेगा,
स्वर्ण कितने हो चुके पल!
दीप रे तू गल अकम्पित,
चल अंचल!

●

२

पंथ होने दो अपरिचित प्राण रहने दो अकेला!

घेर ले छाया अमा बन,
आज कज्जल-अश्रुओं में रिमझिमा ले यह घिरा घन,

और होंगे नयन सूखे,
तिल बुझे औ' पलक रूखे,
आर्द्र चितवन में यहाँ
शत विद्युतों में दीप खेला!

अन्य होंगे चरण हारे,
और हैं जो लौटते, दे शूल को संकल्प सारे,

दुखव्रती निर्माण उन्मद,
यह अमरता नापते पद,
बाँध देंगे अंक-संसृति
से तिमिर में स्वर्ण बेला!

दूसरी होगी कहानी,
शून्य में जिसके मिटे स्वर, धूलि में खोई निशानी,

आज जिस पर प्रलय विस्मित,
मैं लगाती चल रही नित,
मोतियों की हाट औ'
चिनगारियों का एक मेला!

हास का मधु–दूत भेजो,
रोष की भ्रू–भंगिमा पतझार का चाह सह जो!

ले मिलेगा उर अचंचल,
वेदना–जल, स्वप्न–शतदल,
जान लो वह मिलन एकाकी
विरह में है दुकेला!

पंथ होने दो अपरिचित प्राण रहने दो अकेला!

●

३

ओ चिर नीरव!

मैं सरित विकल,
तेरी समाधि की सिद्धि अकल,
चिर निद्रा में सपने का पल
ले चली लास में लय गौरव

मैं अश्रु-तरल,
तेरे ही प्राणों की हलचल,
पा तेरी साधों का सम्बल,
मैं फूट पड़ी ले स्वर-वैभव!

मैं सुधि-नर्तन,
पथ बना, उठे जिस ओर चरण,
दिश रचता जाता नूपुर-स्वन,
जगता जर्जर जग का शैशव!

मैं पुलकाकुल,
पल पल जाती रस गागर ढुल,
प्रस्तर के जाते बन्धन खुल,
लुट रहीं व्यथा-निधियाँ नव-नव!

मैं चिर चंचल,
मुझसे है तट-रेखा अविचल,
तट पर रूपों का कोलाहल,
रस-रंग सुमन-तृण-कण-पल्लव

मैं ऊर्मि विरल,
तू तुंग अचल, वह सिन्धु अतल,
बाँधे दोनों को मैं चल,
धो रही द्वैत के सौ कैतव!

मैं गति विह्वल,
पाथेय रहे तेरा दृग-जल,
आवास मिले भू का अंचल,
मैं करुणा की वाहक अभिनव!

●

४

प्राण हँस कर ले चला जब
चिर व्यथा का भार!

उभर आये सिन्धु उर में
वीचियों के लेख,
गिरि कपोलों पर न सूखी
आँसुओं की रेख।
धूलि का तब से न रुक पाया कसक-व्यापार!

सान्त दीपों में जगी नभ
की समाधि अनन्त,
बन गये प्रहरी, पहन
आलोक-तिमिर, दिगन्त!
किरण तारों पर हुए हिम-बिन्दु वन्दनवार।

स्वर्ण-शर से साध के
—घन ने लिया उर बेध,
स्वप्न-विहगों को हुआ
यह क्षितिज मूक निषेध!
क्षण चले करने कणों का पुलक से शृंगार!

शून्य के निश्वास ने दी
तूलिका सी फर,
ज्वार शत शत रंग के
फैले धरा को घेर!
वात अणु अणु में समा रचने लगी विस्तार!

अब न लौटाने कहो
अभिशाप की वह पीर,
बन चुकी स्पन्दन हृदय में
वह नयन में नीर!
अमरता उसमें मानता है मरण-त्योहार।

छाँह में उसकी गये आ
शूल फूल समीप,
ज्वाल का मोती सँभाले
मोम की यह सीप!
सृजन के शत दीप थामे प्रलय दीपाधार!

●

५

सब बुझे दीपक जला लूँ!
घिर रहा तम आज दीपक-रागिनी अपनी जगा लूँ!

क्षितिज-कारा तोड़ कर अब
गा उठी उन्मत्त आँधी,
अब घटाओं में न रुकती
लास-तन्मय तड़ित् बाँधी,
धूल की इस वीण पर मैं तार हर तृण का मिला लूँ!

भीत तारक मूँदते दृग
भ्रान्त मारुत पथ न पाता,
छोड़ उल्का अंक नभ में
ध्वंस आता हरहराता
उँगलियों की ओट में सुकुमार सब सपने बचा लूँ!

लय बनी मृदु वर्त्तिका
हर स्वर जला बन लौ सजीली,
फैलती आलोक-सी
झंकार मेरी स्नेह गीली,
इस मरण के पर्व को मैं आज दीपाली बना लूँ!

देखकर कोमल व्यथा को
आँसुओं के सजल रथ में,
मोम-सी साधें बिछा दी
थीं इसी अंगार-पथ में,
स्वर्ण हैं वे मत कहो अब क्षार मैं उनको सुला लूँ!

अब तरी पतवार ला कर
तुम दिखा मत पार देना,
आज गर्जन में मुझे बस
एक बार पुकार लेना!
ज्वार को तरणी बना मैं, इस प्रलय का पार पा लूँ!

आज दीपक राग गा लूँ!

●

६

हुए शूल अक्षत मुझे धूलि चन्दन!
अगरु धूम-सी साँस सुधि-गन्ध-सुरभित,
बनी स्नेह-लौ आरती चिर अकम्पित,
हुआ नयन का नीर अभिषेक-जल-कण!

सुनहले सजीले रँगीले छबीले,
हसित कंटकित अश्रु-मकरन्द-गीले,
बिखरते रहे स्वप्न के फूल अनगिन!

असित-श्वेत गन्धर्व जो सृष्टि लय के,
दृगों को पुरातन, अपरिचित हृदय के,
सजग यह पुजारी मिले रात औ' दिन!

परिधिहीन रंगों भरा व्योम-मंदिर,
चरण-पीठ भू का व्यथा-सिक्त मृदु उर,
ध्वनित सिन्धु में है रजत-शंख का स्वन

कहो मत प्रलय द्वार पर रोक लेगा,
वरद मैं मुझे कौन वरदान देगा?
हुआ कब सुरभि के लिये फूल बन्धन?

व्यथाप्राण हूँ नित्य सुख का पता मैं,
धुला ज्वाल से मोम का देवता मैं,
सृजन-श्वास हो क्यों गिनूँ नाश के क्षण!

●

७

आज तार मिला चुकी हूँ।

सुमन में संकेत-लिपि,
चंचल विहग स्वर-ग्राम जिसके,
वात उठता, किरण के
निर्झर झुके, लय-भार जिसके,
वह अनामा रागिनी अब साँस में ठहरा चुकी हूँ!

सिन्धु चलता मेघ पर,
रुकता तड़ित का कंठ गीला,
कंटकित सुख से धरा,
जिसकी व्यथा से व्योम नीला,
एक स्वर में विश्व की दोहरी कथा कहला चुकी हूँ,

एक ही उर में पले
पथ एक से दोनों चले हैं,
पलक पुलिनों पर, अधर—
उपकूल पर दोनों खिले हैं,
एक ही झंकार में युग अश्रु-हास घुला चुकी हूँ!

रंग-रस-संसृति समेटे,
रात लौटी प्रात लौटे;
लौटते युग कल्प पल,
पतझार औ' मधुमास लौटे;

राग में अपने कहो किसको न पार बुला चुकी हूँ

निष्करुण जो हँस रहे थे
तारकों में दूर ऐंठे,
स्वप्न–नभ के आज
पानी हो तृणों के साथ बैठे,

पर न मैं अब तक व्यथा का छंद अंतिम गा चुकी हूँ!

●

८

कहाँ से आये बादल काले?
कजरारे मतवाले!

शूल भरा जग, धूल भरा नभ,
झुलसीं देख दिशायें निष्प्रभ,
सागर में क्या सो न सके यह
करुणा के रखवाले?

आँसू का तन, विद्युत् का मन,
प्राणों में वरदानों का प्रण,
धीर पदों से छोड़ चले घर,
दुख-पाथेय सँभाले!

नाँघ क्षितिज की अन्तिम दहली,
भेंट ज्वाल की वेला पहली,
जलते पथ को स्नेह पिला
पग पग पर दीपक वाले!

गर्जन में मधु-लय भर बोले,
झँझा पर निधियाँ धर डोले,
आँसू बन उतरे तृण-कण ने
मुस्कानों में पाले!

नामों में बाँधे सब सपने,
रूपों में भर स्पन्दन अपने
रंगों के ताने बाने में

बीते क्षण बुन डाले!

वह जड़ता हीरों से डाली,
यह भरती मोती से थाली,
नभ कहता नयनों में बस
रज बहती प्राण समा ले!

●

९

यह सपने सुकुमार तुम्हारी स्मित से उजले!

कर मेरे सजल दृगों की मधुर कहानी,
इनका हर कण हुआ अमर करुणा वरदानी,
उड़े तृणों की बात तारकों से कहने यह
चुन प्रभात के गीत, साँझ के रंग सलज ले!

लिये छाँह के साथ अश्रु का कुहक सलोना,
चले बसाने महाशून्य का कोना कोना,
इनकी गति में आज मरण बेसुध बन्दी है,
कौन क्षितिज का पाश इन्हें जो बाँध सहज ले।

पंथ माँगना इन्हें पाथेय न लेना,
उन्नत मूक असीम, मुखर सीमित तल देना,
बादल-सा उठ इन्हें उतरना है जल-कण-सा,
नभ विद्युत् के बाण, सजा शूलों को रज ले!

जाते अक्षरहीन व्यथा की लेकर पाती,
लौटाता है इन्हें स्वर्ग से भू की थाती,
यह संचारी दीप, ओट इनको झंझा दे,
आगे बढ़, ले प्रलय, भेंट तम आज गरज ले!

छायापथ में अंक बिखर जावें इनके जब,
फूलों में खिल रूप निखर आवें इनके जब,
वर दो तब यह बाँध सकें सीमा से तुमको,
मिलन-विरह के निमिष-गुँथी साँसों की स्रज ले!

●

१०

तरल मोती से नयन भरे!

मानस से ले, उठे स्नेह-घन,
कसक-विद्यु पुलकों के हिमकण,
धि-स्वामी की छाँह पलक की सीपी में उतरे!
सित दृग हुए क्षीर लहरी से,
तारे मरकत-नील-तरी से,
खे पुलिनों सी वरुणी से फेनिल फूल झरे!

पारद से अनबींधे मोती,
साँस इन्हें बिन तार पिरोती,
ज़ग के चिर शृंगार हुए, जब रजकण में बिखरे!

क्षार हुए, दुख में मधु भरने,
तपे, प्यास का आतप हरने,
इनसे धुल कर धूल भरे सपने उजले निखरे!

●

११

विहंगम-मधुर स्वर तेरे,
मदिर हर तार है मेरा!

रही लय रूप छलकाती
चली सुधि रंग ढुलकाती
तुझे पथ स्वर्ण रेखा, चित्रमय
संचार है मेरा!

तुझे पा बज उठे कण-कण
मुझे छू लासमय क्षण-क्षण!
किरण तेरा मिलन, झँकार-
सा अभिसार है मेरा!

धरा से व्योम का अन्तर,
रहे हम स्पन्दनों से भर,
निकट तृण नीड़ तेरा, धूलि का
आगारा है मेरा।

न कलरव मूल्य तू लेता,
हृदय साँसें लुटा देता,
सजा तू लहर-सा खग,
दीप-सा श्रृंगार है मेरा।

चुने तूने विरल तिनके
गिने मैंने तरल मनके,
तुझे व्यवसाय गति है,
प्राण का व्यापार है मेरा!

गगन का तू अमर किन्नर,
धरा का अजर गायक उर,
मुखर है शून्य तुझसे लय भरा
यह क्षार है मेरा।

उड़ा तू छंद बरसाता,
चला मन स्वप्न बिखराता,
अमिट छवि की परिधि तेरी,
अचल रस-पार है मेरा!

बिछी नभ में कथा झीनी,
घुली भू में व्यथा भीनी,
तड़ित् उपहार तेरा, बादलों-
सा प्यार है मेरा!

●

१२

जब यह दीप थके तब आना

यह चंचल सपने भोले हैं,
दृगजल पर पाले मैंने मृदु,
पलकों पर तोले हैं
दे सौरभ से पंख इन्हें सब नयनों में पहुँचाना
साधें करुणा-अंक ढली हैं,
सान्ध्य गगन-सी रंगमयी पर
पावस की सजला बदली हैं,
विद्युत् के दे चरण इन्हें उर-उर की राह बताना
यह उड़ते क्षण पुलक-भरे हैं,
सुधि से सुरभित स्नेह-धुले,
ज्वाला के चुम्बन से निखरे हैं,
दे तारों के प्राण इन्हीं से सूने श्वास बसाना!
यह स्पन्दन हैं अंक व्यथा के,
चिर उज्ज्वल अक्षर जीवन की,
बिखरी विस्मृत क्षार-कथा के,
कण का चल इतिहास इन्हीं से लिख लिख अजर बनाना
लौ ने वर्ती को जाना है,
वर्ती ने यह स्नेह, स्नेह ने
रज का अंचल पहचाना है,
चिर बन्धन में बाँध इन्हें घुलने का वर दे जाना!

●

१३

यह मन्दिर का दीप इसे नीरव जलने दो

रजत शंख-घड़ियाल स्वर्ण वंशी-वीणा-स्वर,
गये आरती वेला को शत-शत लय से भर,
जब था कल कंठों का मेला,
विहँसे उपल तिमिर था खेला,
अब मन्दिर में इष्ट अकेला,
इसे अजिर का शून्य गलाने को गलने दो!

चरणों से चिह्नित अलिन्द की भूमि सुनहली,
प्रणत शिरों के अंक लिये चन्दन की दहली,
झर सुमन बिखरे अक्षत सित,
धूप-अर्घ्य नैवेद्य अपरिमित
तम में सब होंगे अन्तर्हित,
सबकी अर्चित कथा इसी लौ में पलने दो!

पल के मनके फेर पुजारी विश्व सो गया,
प्रतिध्वनि का इतिहास प्रस्तरों बीच खो गया,
साँसों की समाधि सा जीवन,
मसि-सागर का पंथ गया बन
रुका मुखर कण-कण का स्पन्दन,
इस ज्वाला में प्राण-रूप फिर से ढलने दो!

झंझा है दिग्भ्रान्त रात की मूर्च्छा गहरी
आज पुजारी बने, ज्योति का यह लघु प्रहरी,

जब तक लौटे दिन की हलचल,
तब तक यह जागेगा प्रतिपल,
रेखाओं में भर आभा-जल
दूत साँझ का इसे प्रभाती तक चलने दो!

●

१४

धूप-सा तन दीप-सी मैं!

उड़ रहा नित एक सौरभ-धूम-लेखा में बिखर तन,
खो रहा निज को अथक आलोक-साँसों में पिघल मन
अश्रु से गीला सृजन-पल,
औ' विसर्जन पुलक-उज्ज्वल,
आ रही अविराम मिट मिट
स्वजन ओर समीप-सी मैं!

सघन घन का चल तुरंगम चक्र झंझा के बनाये,
रश्मि विद्युत् ले प्रलय-रथ पर भले तुम श्रान्त आये,
पंथ में मृदु स्वेद-कण चुन,
छाँह से भर प्राण उन्मन,
तम-जलधि में नेह का मोती
रचूँगी सीप-सी मैं!

धूप-सा तन दीप-सी मैं!

●

१५

तू धूल-भरा ही आया!

ओ चंचल जीवन-बाल! मृत्यु जननी ने अंक लगाया!

साधों ने पथ के कण मदिरा से सींचे,
झंझा आँधी ने फिर-फिर आ दृग मींचे,
आलोक तिमिर ने क्षण का कुहक बिछाया!

अंगार-खिलौनों का था मन अनुरागी,
पर रोमों में हिम-जड़ित अवशता जागी,
शत-शत प्यासों की चली लुभाती छाया!

गाढ़े विषाद ने अंग कर दिये पंकिल,
विंध गये पगों में शूल व्यथा के दुर्मिल,
कर क्षार साँस ने उर का स्वर्ण उड़ाया!

पाथेय-हीन जब छोड़ गये सब सपने
आख्यानशेष रह गये अंक ही अपने,
तब उस अंचल ने दे संकेत बुलाया!

जिस दिन लौटा तू चकित थकित-सा उन्मन,
करुणा से उसके भर-भर आये लोचन,
चितवन छाया में दृग-जल से नहलाया!

पालकों पर घर-घर अगणित शीतल चुम्बन,
अपनी साँसों से पोंछ वेदना के क्षण,
हिम स्निग्ध करों से बेसुध प्राण सुलाया!

नूतन प्रभात में अक्षय यति का वर दे,
तन सजल घटा-सा तड़ित्-छटा-सा उर दे
हँस तुझे खेलने फिर जग में पहुँचाया!

तू धूल भरा जब आया,
ओ चंचल जीवन-बाल मृत्यु-जननी ने अंक लगाया!

●

१६

जो न प्रिय पहिचान पाती।

दौड़ती क्यों प्रति शिरा में प्यास विद्युत-सी तरल बन
क्यों अचेतन रोम पाते चिर व्यथामय सजग जीवन?
किसलिये हर साँस तम में
सजल दीपक राग गाती?

चाँदनी के बादलों से स्वप्न फिर-फिर घेरते क्यों?
मदिर सौरभ से सने क्षण दिवस-रात बिखेरते क्यों?
सजग स्मित क्यों चितवनों के
सुप्त प्रहरी को जगाती?

मेघ-पथ में चिह्न विद्युत के गये जो छोड़ प्रिय-पद,
जो न उनकी चाप का मैं जानती सन्देश उन्मद,
किसलिये पावस नयन में
प्राण में चातक बसाती?

कल्प-युगव्यापी विरह को एक सिहरन में सँभाले,
शून्यता भर तरल मोती से मधुर सुधि-दीप बाले,
क्यों किसी के आगमन के
शकुन स्पन्दन में मनाती?

●

१७

आँसुओं के देश में!

जो कहा रुक-रुक पवन ने
जो सुना झुक-झुक गगन ने,
साँझ जो लिखती अधूरा,
प्रात रँग पाता न पूरा,
आँक डाला वह दृगों ने एक सजल निमेष में!

अतल सागर में जली जो,
मुक्त झंझा पर चली जो,
जो गरजती मेघ-स्वर में,
जो कसकती तड़ित्-उर में,
प्यास वह पानी हुई इस पुलक के उन्मेष में!

दिश नहीं प्राचीर जिसको,
पथ नहीं जंजीर जिसको
द्वार हर क्षण को बनाता,
सिहर आता बिखर जाता,
स्वप्न वह हठकर बसा इस साँस के परदेश में!

मरण का उत्सव अजर है,
गीत जीवन का अमर है,
मुखर कण का संग मेला,
पर चला पंथी अकेला,
मिल गया गन्तव्य, पग को कंटकों के वेष में!

यह बताया झर सुमन ने,
वह सुनाया मूक तृण ने,
वह कहा बेसुध पिकी ने,
चिर पिपासित चातकी ने,
सत्य जो दिव कह न पाया था अमिट संदेश में!

खोज ही चिर प्राप्ति का वर,
साधना ही सिद्धि सुन्दर,
रुदन में सुख की कथा है,
विरह मिलने की प्रथा है,
शलभ जलकर दीप बन जाता निशा के शेष में!
आँसुओं के देश में!

●

१८

गोधूली अब दीप जगा ले!

नीलम की निस्सीम पटी पर,
तारों के बिखरे सित अक्षर,
तम आता है पाती में,
प्रिय का आमन्त्रण स्नेह-पगा ले!

कुमकुम से सीमान्त सजीला,
केशर का आलेपन, पीला,
किरणों की अंजन-रेखा
फीके नयनों में आज लगा ले!

इसमें भू के राग घुले हैं,
मूक गगन के अश्रु धुले हैं,
रज के रंगों में अपना तू
झीना सुरभि-दुकूल रँगा ले!

अब असीम में पंख रुक चले,
अब सीमा में चरण थक चले,
तू निश्वास भेज इनके हित
दिन का अन्तिम हास मँगा ले!

किरण-नाल पर घन के शतदल,
कलरव-लहर विहग बुद्-बुद् चल,
क्षितिज-सिन्धु को चली चपल
आभा-सरि अपना उर उमगा, ले!

कण-कण दीपक तृण-तृण बाती,
हँस चितवन का स्नेह पिलाती,
पल-पल की झिलमिल लौ में
सनपों के अंकुर आज उगा ले!

गोधूली, अब दीप जगा ले!

●

१९

मैं न यह पथ जानती री!

धर्म हों विद्युत् शिखायें,
अश्रु हों गल तारिकायें

छा भले ले आज अग-जग वेदना की घन-घटायें!
सिहरता मेरा न लघु उर,
काँपते पग भी न मृदुतर,

सुरभिमय पथ में सलोने स्वजन को पहचानती री!
ज्वाल के हों सिन्धु तरलित,
तुहिन-विजड़ित मेरु शत-शत,

पार कर लूँगी वही पग-चाप यदि कर दें निमंत्रित
नाप लेगा नभ विहग-मन
बाँध लेगा प्रलय मृदु तन,

किस लिये ये फूल-सोदर शूल आज बखानती री?
विरह का युग, मिलन का पल,
मधुर जैसे दो पलक चल,
एकता इनकी तिमिर, दूरी खिलाती रूप-शतदल!
बढ़ रहे मिलने नये कण,
अनुगमन करते गये क्षण
अलि विरह के पंथ में मैं तो न इति-अथ मानती री!

●

२०

झिप चलीं पलकें तुम्हारी पर कथा है शेष!
अतल सागर के शयन से,
स्वप्न के मुक्ता-चयन से,
विकल कर तन,
चपल कर मन
किरण-अंगुलि का मुझे लाया बुला निर्देश।

बीचियों-सी पुलक-लहरी,
शून्य में बन कुहक ठहरी
रंग चले दृग,
रच चले पग,
श्यामले घन—द्वीप उजले बिजलियों के देश!

मौन जग की रागिनी थी
व्यथित रज उन्मादिनी थी,
हो गया क्षण,
अग्नि के कण,
ज्वार ज्वाला का बना जब प्यास का उन्मेष!

स्निग्ध चितवन प्राणदा ले,
चिर मिलन हित चिर विदा ले,
हँस घुली मैं,
मिट चली मैं,
आँक उल्का अक्षरों में सब अतीत निमेष!

अमिट क्रम में नील-किसलय,
बाँध नव विद्रुम-सुमन-चय,
रेख-अर्चित,
रूप-चर्चित,
इन्द्रधनुषी कर दिया मैंने कणों का वेश!

अब धरा के गान ऊने,
मचलते हैं गगन छूने,
किरण-रथ दो,
सुरभि-पथ दो,
और कह दो अमर मेरा हो चुका सन्देश!

●

२१

मिट चली घटा अधीर?

चितवन तम-श्याम रंग
इन्द्रधनुष भृकुटि-भंग,
विद्युत् का अंगराग,
दीपित मृदु अंग-अंग,
उड़ता नभ में अछोर तेरा नव नील चीर!

विरत गायक विहंग,
लाल-निरत किरण संग,
पग-पग पर उठते बज,
चापों में जलतरंग,
आई किसकी पुकार लय का आवरण चीर!

थम गया मन्दिर विलास,
सुख का वह दीप्त हास,
टूटे सब वलय-हार,
व्यस्त चीर अलक पाश,
विंध गया अजान आज किसका मृदु-कठिन तीर?

छाया में सजल रात
जुगनू में स्वप्न-जात,
लेकर, नव अन्तरिक्ष,
बुनती निश्वास वात,
विगलित हर रोम हुआ रज से सुन नीर नीर!

प्यासे का जान ग्राम,
झुलसे का पूछ नाम,
धरती के चरणों पर
नभ के धर शत प्रणाम
गल गया तुषार-भार बन कर वह छवि-शरीर!

यों के जग अनन्त,
रंग रस के चिर वसन्त,
बन कर साकार हुआ,
तेरा वह अमर अन्त,
भू का निर्वाण हुई तेरी वह करुण पीर!
घुल गई घटा अधीर!

●

२२

अलि कहाँ संदेश भेजूँ?
मैं किसे सन्देश भेजूँ?

एक सुधि अनजान उनकी,
दूसरा पहचान मन की,
पुलक का उपहार दूँ या अश्रु-भार अशेष भेजूँ।

चरण चिर पथ के विधाता
उर अथक गति नाम पाता,
अमर अपनी खोज का अब पूछने क्या शेष भेजूँ!

नयन-पथ से स्वप्न में मिल,
प्यास में घुल साध में खिल,
प्रिय मुझी में खो गया अब दूत को किस देश भेजूँ?

जो गया छवि-रूप का घन,
उड़ गया घनसार-कण बन,
उस मिलन के देश में अब प्राण को किस वेश भेजूँ?

उड़ रहे यह पृष्ठ पल के,
अंक मिटते श्वास चल के,
किस तरह लिख सजल करुणा की कथा सविशेष भेजूँ।

●

२३

मोम-सा तन घुल चुका अब दीप-सा मन जल चुका है।

विरह के रंगीन क्षण ले,
अश्रु के कुछ शेष कण ले,
वरुनियों में उलझ बिखरे स्वप्न के सूखे सुमन ले,
खोजने फिर शिथिल पग,
निश्वास-दूत निकल चुका है!

चल पलक हैं निर्निमेषी,
कल्प पल सब तिमिरवेषी,
आज स्पन्दन भी हुई उर के लिये अज्ञातदेशी
चेतना का स्वर्ण, जलती
वेदना में गल चुका है!

झर चुके तारक-कुसुम जब,
रश्मियों के रजत-पल्लव,
सन्धि में आलोक-तम की क्या नहीं नभ जानता तब,
पार से, अज्ञात वासन्ती,
दिवस-रथ चल चुका है।

खोल कर जो दीप के दृग,
कह गया 'तम में बढ़ा पग'
देख श्रम-धूमिल उसे करते निशा की साँस जगमग,

न आ कहता वही,
'सो,याम अंतिम ढल चुका है'!

अन्तहीन विभावरी है,
पास अंगारक-तरी है,
तिमिर की तटिनी क्षितिज की कूलरेख डुबा भरी है!

शिथिल कर से सुभग सुधि–
पतवार आज बिछल चुका है!
अब कहो सन्देश है क्या?
और ज्वाल विशेष है क्या?
अग्नि–पथ के पार चन्दन–चाँदनी का देश है क्या?

एक इंगित के लिये
शत बार प्राण मचल चुका है!

●

२४

कोई यह आँसू आज माँग ले जाता!

तापों के खारे जो विषाद से श्यामल,
अपनी चितवन में छान इन्हें कर मधु-जल,
फिर इनसे रचकर एक घटा करुणा की
कोई यह जलता व्योम आज छा आता।

वर-क्षार - शेष का माँग रही जो ज्वाला,
जिसको छूकर हर स्वप्न बन चला छाला,
जिन स्नेह-सिक्त जीवन-बीती से कोई,
दीपक कर इसको उर-उर में पहुँचाता!

तम-कारा-बन्दी सान्ध्य रंगों-सी चितवन,
पाषाण चुराये हैं लहरों से स्पन्दन,
ये निर्मम बन्धन खोल तड़ित् से कर से,
चिर रंग रूपों से फिर यह शून्य बसाता?

सिकता से तुलसी साध क्षार से उर-धन,
पारस-साँसें बेमोल ले चला हर क्षण,
प्राणों के विनिमय से इनको ले कोई।
दिव का किरीट भू का शृंगार बनाता!

●

२५

मेघ सी घिर झर चली मैं!

फूल की रंगीन स्मित में
अश्रुकण से बाँध वेला,
बाँट अगणित अंकुरों में
धूलि का सपना अकेला,
पंथ के हर शूल का मुख
मोतियों से भर चली मैं!

कब दिवस का अग्नि-शर
मेरी सजलता बेध पाया,
तारकों ने मुकुर बन
दिग्भ्रान्त कब मुझको बनाया?
ले गगन का दर्प रज में
उतर सहज निखर चली मैं!

बिखर यह दुख-भार धूमिल
तरल हीरक बन गया सित,
नाप कर निस्सीम को गति
कर रही आलोक चिह्नित;
साँस से तम-सिन्धु को
पथ इन्द्रधनुषी कर चली मैं।

बिखरना वरदान हर
निश्वास है निर्वाण मेरी,
शून्य में झंझा-विकल
विद्युत् हुई पहचान मेरी!
वेदना पाई धरोहर
अश्रु की निधि पर चली मैं।

भीति क्या यदि मिट चली
नभ से ज्वलित पग की निशानी,
प्राण में भू के हरी है;
पर सजल मेरी कहानी!
प्रश्न जीवन के स्वयं मिट
आज उत्तर कर चली मैं!

●

२६

निमिष से मेरे विरह के कल्प बीते!
पंथ को निर्वाण माना,
शूल को वरदान जाना,
जानते यह चरण कण
छू मिलन-उत्सव मनाना!
प्यास ही से भर लिये अभिसार रीते!
ओस से ढुल कल्प बीते!

नीरदों में मन्द्र गति-स्वन,
बात में उर का प्रकम्पन,
विद्यु में पाया तुम्हारा
अश्रु से उजला निमन्त्रण!
छाँह तेरी जान तम को श्वास पीते!
फूल से खिल कल्प बीते!

माँग नींद अनन्त का वर,
कर तुम्हारे स्वप्न को चिर,
पुलक औ सुधि के पुलिन से
बाँध दुख का अगम सागर,
प्राण तुमसे हार कर प्रति वार जीते!
दीप से घुल कल्प बीते।

●

२७

सब आँखों के आँसू उजले सबके सपनों में सत्य पला!
जिसने उसको ज्वाला सौंपी
उसने इसमें मकरन्द भरा,
आलोक लुटाता वह घुल-घुल
देता झर यह सौरभ बिखरा!
दोनों संगी पथ एक किन्तु कब दीप खिला कब फूल जला?

वह अचल धरा को भेंट रहा
शत-शत निर्झर में हो चंचल,
चिर परिधि बना भू को घेरे
इसका नित उर्म्मिल करुणा-जल!
कब सागर उर पाषाण हुआ, कब गिरि ने निर्मम तन बदला?

नभ-तारक-सा-खंडित पुलकित
यह सुर-धारा को चूम रहा,
वह अंगारों का मधु-रस पी
केशर-किरणों-सा झूम रहा!
अनमोल बना रहने को कब टूटा कंचन हीरक पिघला!

नीलम मरकत के सम्पुट दो
जिनमें बनता जीवन-मोती,
इसमें ढलते सब रंग-रूप
उसकी आभा स्पन्दन होती!
जो नभ में विद्युत् मेघ बना वह रज में अंकुर हो निकला!

संसृति के प्रति पग में मेरी
साँसों का नव अंकन चुन लो,
मेरे बनने-मिटने में नित
अपनी साधों के क्षण गिन लो!
जलते खिलते बढ़ते जग में घुलमिल एकाकी प्राण चला!
सपने सपने में सत्य ढला!

●

२८

फिर तुमने क्यों शूल बिछाए?

इन तलवों में गति-परिमल है,
झलकों में जीवन का जल है,
इनसे मिल काँटे उड़ने को रोये झरने को मुसकाये।
वाला के बादल ने घिर नित,
बरसाये अभिशाप अपरिमित,
वरदानों में पुलके वे जब इस गीले अंचल में आये।
मरु में रच प्यासों की बेला,
छोड़ा कोमल प्राण अकेला,
पर ज्वारों की तरणी ले ममता के शत सागर लहराये!
घेरे लोचन बाँधे स्पन्दन,
रोमों से उलझाये बन्धन,
लघु तृण से तारों तक बिखरी ये साँसें तुल बाँध न पाये!
देता रहा क्षितिज पहरा-सा,
तम फैला अन्तर गहरा-सा,
पर मन युग-युग से खोये सब सपने इस बार बुलाये!
मेरा आहत प्राण न देखो,
टूटा स्वर सन्धान न लेखो,
लयन बन-बन दीप जलाये, मिट-मिट कर जलजात खिलाये

●

२९

मैं क्यों पूछूँ यह विरह निशा;
कितनी बीती क्या शेष रही?

उर का दीपक चिर, स्नेह अतल
सुधि-लौ शत झंझा में निश्चल,
सुख से भीनी दुख से गीली
वर्ती सी साँस अशेष रही

निश्वासहीन-सा जग सोता,
श्रृंगार-शून्य अम्बर रोता,
तब मेरी उजली मूक व्यथा,
किरणों के खोले केश रही!

विद्युत् घन में बुझने आती,
ज्वाला सागर में घुल जाती,
मैं अपने आँसू में बुझ धुल,
देती आलोक विशेष रही!

जो ज्वारों में पल कर, न बहें,
अंगार चुगें जलजात रहें,
मैं गत-आगत के चिर संगी
सपनों का कर उन्मेष रही!

उनके स्वर से अन्तर भरने,
उस गति को निज गाथा करने,
उनके पद चिह्न बसाने को,
मैं रचती नित परदेश रही!

क्षण गूँजे औ' यह कण गावें,
जब वे इस पथ उन्मन आवें,
उनके हित मिट-मिट कर लिखती,
मैं एक अमिट सन्देश रही!

●

३०

आज दे वरदान!

वदन वह स्नेह-अंचल-छाँह का वरदान!

ज्वाल पारावार-सी है,
शृंखला पतवार-सी है,
बिखरती उर की तरी में
आज तो हर साँस बनती शत शिला के भार-सी है!
स्निग्ध चितवन में मिले सुख का पुलिन अनजान!

तूंबियाँ, दुख-भार जैसी,
खूँटियाँ, अंगार जैसी,
ज्वलित जीवन-वीण में अब
धूम-लेखायें उलझतीं उँगलियों से तार जैसी,
छू इसे फिर क्षार में भर करुण कोमल गान!

अब न कह 'जग रिक्त है यह'
'पंक ही से सिक्त है यह'
देख तो रज में अचंचल
स्वर्ग का युवराज तेरे अश्रु से अभिषिक्त है यह!
अमिट घन-सा दे अखिल रस-रूपमय निर्वाण!

स्वप्न-संगी पंथ पर हो,
चाप का पाथेय भर हो,
तिमिर झंझावात ही में
खोजता इसको अमर गति की कथा का एक स्वर हो!
यह प्रलय को भेंट कर अपना पता ले जान!
आज दे वरदान!

●

३१

प्राणों ने कहा कब दूर
पग ने कब गिने थे शूल?

मुझको ले चला जब भ्रान्त,
वह निश्वास ही का ज्वार,
मैंने हँस प्रलय से बाँध
तरिणी छोड़ दी मझधार!
तुमसे पर न पूछा लौट
अब होगा मिलन किस कूल?

शतधा उफन पारावार,
लेता जब दिशायें लील
लाता खींच झंझावात,
तम के शैल कज्जल-नील
तब संकेत अक्षरहीन,
पढ़ने में हुई कब भूल?

मेरे सार्थवाही स्वप्न
अंचल में व्यथा भरपूर,
आँखें मोतियों का देश
से बिजलियों का चूर!
तुमसे ज्वाल में हो एक
मैंने भेंट ली यह धूल!

मेरे हर लहर में अंक,
हर कण में पुलक के याम
पल जो भेजते हो रिक्त
मधु भर बाँटती अविराम!
मेरी पर रही कब साध
जग होता तनिक अनुकूल?

भू की रागिनी में गूँज,
गर्जन में गगन को नाप,
क्षण में वार क्षण में पार
जाती जब चरण की चाप,
देती अश्रु का मैं अर्घ्य
धर चिनगारियों के फूल!

●

३२

सपने जगाती आ।

श्याम-अंचल,

स्नेह-ऊर्म्मिल,

तारकों से चित्र-उज्ज्वल,

घिर घटा-सी चाप से पुलकें उठाती आ!

हर पल खिलाती आ!

सजल लोचन,

तरल चितवन,

सरल भू पर विरल श्रम-कण,

तृषित भू को क्षीर-फेनिल स्मित पिलाती आ!

कण-तृण जिलाती आ!

शूल सहते,

फूल रहते,

मौन में निज हार कहते,

अश्रु-अक्षर में पता जय का बताता आ!

हँसना सिखाती आ!

विकल नभ उर,

धूलि-जर्जर

कर गये हैं दिवस के शर

स्निग्ध छाया से सभी छाले धुलाती आ!

क्रन्दन सुलाती आ!

लय लुटी है,
गति मिटी है,
हाट किरणों की हटी है,
धीर पग से अमर क्रय-गाथा सुनाती आ!
भूलें भुलाती आ!

व्योम में खग,
पंथ में पग,
उलझनों में खो चला जग,
लघु निलय में नींद के सबको मिलाती आ!
दूरी मिटाती आ!

कर व्यथायें,
सुख-कथायें,
तोड़ सीमा की प्रथायें,
प्रात के अभिषेक को हर दृग सजाती आ!
उर-उर बसाती आ!
सपने जगाती आ!

●

३३

मैं पलकों में पाल रही हूँ यह सपना सुकुमार किसी का!
जाने क्यों कहता है कोई,
मैं तम की उलझन में खोई,
धूममयी वीथी-वीथी में,
लुक-छिप कर विद्युत् सी रोई,
मैं कण-कण में ढाल रही अलि आँसू के मिस प्यार किसी का!
रज में शूलों का मृदु चुम्बन,
नभ में मेघों का आमन्त्रण,
आज प्रलय का सिन्धु कर रहा
मेरी कम्पन का अभिनन्दन
लाया झंझा-दूत सुरभिमय साँसों का उपहार किसी का!
पुतली ने आकाश चुराया,
उर ने विद्युत-लोक छिपाया,
अंगराग सी है अंगों में
सीमाहीन उसी की छाया!
अपने तन पर है भाता अलि जाने क्यों शृंगार किसी का!
मैं कैसे उलझूँ इति-अथ में,
गति मेरी संसृति है पथ में,
बनता है इतिहास मिलन का
प्यास भले अभिसार अकथ में
मेरे प्रति पग पर बसता जाता सूना संसार किसी का!

●

३४

गूँजती क्यों प्राण-वंशी?

शून्यता तेरे हृदय की
आज किसकी साँस भरती?
प्यास को वरदान करती,
स्वर लहरियों में बिखरती
आज मूक अभाव किसने कर दिया लयवान वंशी?

अमिट मसि के अंक से
सूने कभी थे छिद्र तेरे,
पुलक के अब है बसेरे,
मुखर रंगों के चितेरे,
आज ली इनकी व्यथा किन उँगलियों ने जान वंशी?

मृणमयी तू रच रही यह
तरल विद्युत्-ज्वार सा क्या?
चाँदनी घनसार-सा क्या?
दीपकों के हार-सा क्या?
स्वप्न क्यों अवरोह में, आरोह में दुखगान वंशी?

गूँजती क्यों प्राण वंशी?

●

३५

क्यों अश्रु न हों शृंगार मुझे!

रंगों के बादल निस्तरंग
रूपों के शत-शत वीचि-भंग,
किरणों की रेखाओं में भर,
अपने अनन्त मानस पट पर,

तुम देते रहते हो प्रतिपल,
जाने कितने आकार मुझे!
हर छवि में कर साकार मुझे!

लघु हृदय तुम्हारा अमर छन्द,
स्पन्दन में स्वर-लहरी अमन्द,
हर स्वप्न स्नेह का चिर निबंध,
हर पुलक तुम्हारा भाव-बन्ध,

निज साँस तुम्हारी रचना का
लगती अखंड विस्तार मुझे!
हर पल रस का संसार मुझे!

मेरी मृदु पलकें मूँद-मूँद,
छलका आँसू की बूँद-बूँद,
लघुतम कलियों में नाप प्राण
सौरभ पर मेरे तोल गान,

बिन माँगे तुमने दे डाला
करुणा का पारावार मुझे!
चिर सुख-दुख के दो पार मुझे!

मैं चली कथा का क्षण लेकर,
मैं मिली व्यथा का कण देकर,
इसको नभ ने अवकाश दिया,
भू ने इसको इतिहास किया,

अब अणु-अणु सौंपे देता है
युग-युग का संचित प्यार मुझे!
कहकर पाहुन सुकुमार मुझे!

रोके मुझको जीवन अधीर,
दृग-ओट न करती सजग पीर,
नूपुर से शत-शत मिलन-पाश
मुखरित, चरणों के आस-पास,

हर पग पर स्वर्ग बसा देती
धरती की नव मनुहार मुझे!
लय में अविराम पुकार मुझे

क्यों अश्रु न हों शृंगार मुझे!

३६

शेषयामा यामिनी मेरा निकट निर्वाण!
पागल रे शलभ अनजान!
तिमिर में बुझ खो रहे विद्युत भरे निश्वास मेरे
निःस्व होंगे प्राण मेरा शून्य उर होगा सबेरे,
राख हो उड़ जायेगी यह
अग्निमय पहचान!

रात-सी नीरव व्यथा तम-सी अगम मेरी कहानी
फेरते हैं दृग सुनहले आँसुओं का क्षणिक पानी,
श्याम कर देगी इसे छू
प्रात की मुस्कान!

श्रान्त नभ बेसुध धरा जब सो रहा है विश्व अलसित,
एक ज्वाला से दुकेला जल रहा उर स्नेह पुलकित,
प्रथम स्पन्दन में प्रथम पग
धर बढ़ा अवसान!

स्वर्ण की जलती तुला आलोक का व्यवसाय उज्ज्वल,
धूम-रेखा ने लिखा पर यह ज्वलित इतिहास धूमिल,
ढूँढ़ती झंझा मुझे ले
मृत्यु का वरदान!

कर मुझे इंगित बता किसने तुझे यह पथ दिखाया,
तिमिर में अज्ञातदेशी क्यों मुझे तू खोज पाया!
अग्नि पंथी मैं तुझे दूँ
कौन-सा प्रतिदान?

●

३७

तेरी छाया में अमिट रंग,
तेरी ज्वाला में अमर गान!
जड़ नीलम-शृंगों का वितान
मरकत की क्रूर शिला धरती,
घेरे पाषाणी परिधि तुझे
क्या मृदु तन में कम्पन भरती?
यह जल न सके,
यह गल न सके,
यह मिट कर पग भर चल न सके!
तू माँग न इनसे पंथ-दान!
जिसमें न व्यथा से ज्वलित प्राण
यह अचल कठिन उन्नत सपना,
सुन प्रलय-घोष बिखरा देगा,
इसको दुर्बल कम्पन अपना!
ढह आयेंगे,
बह जायेंगे,
यह ध्वंस कथा दुहरायेंगे!
तू घुल कर बन रचना-विधान!
घिरते नभ-निधि-आवर्त्त-मेघ,
मसि-वातचक्र सी वात चली,
गर्जन-मृदंग हरहर-मंजीर,
पर गाती दुख बरसात भली!
कम्पन मचली,
साँसे बिछलीं

इनमें कौंधी गति की बिजली!
तू सार्थवाह बस इन्हें मान!

जिस किरणांगुलि ने स्वप्न भरे
मृदुकर-सम्पुट में गोद लिया
चितवन में ढाला अतल स्नेह
निश्वासों का आमोद दिया,
कर से छोड़ा,
उर से जोड़ा
इंगित से दिशि-दिशि में मोड़ा!
क्या याद न वह आता अजान?
उस पार कुहर-धूमिल कर से,
उजला संकेत सदा झरता,
चल आज तमिस्रा के उर्म्मिल
छोरों में स्वर्ण तरल भरता
उन्मद हँस तू,
मिट-मिट बस तू
चिनगारी का पी मधुरस तू!
तेरे क्षय में दिन की उड़ान!

जिसके स्पन्दन में बढ़ा ज्वार
छाया में मतवाली आँधी,
उसने अंगार-तरी तेरी
अलबेली लहरों से बाँधी!
मोती धरती,
विद्युत् भरती,
दोनों उस पग-ध्वनि पर तरतीं!
बहना जलना अब एक प्राण!

●

३८

आँसू से धो आज इन्हीं अभिशापों को वर कर जाऊँगी!

शूलों से हो गात दुकेला,
तुहिन-भार-नत प्राण अकेला,
कण भर मधु ले, जीवन ने
हो निशि का तम दिन आतप झेला;
सुरभित साँसें बाँट तुम्हारे पथ में हँस-हँस बिछ जाऊँगी!

चाहो तो दृग स्नेह-तरल दो,
वर्ती से निश्वास विकल दो,
झंझा पर हँसने वाले
उर में भर दीपक की झिलमिल दो!
तम में बन कर दीप, सबेरा आँखों में भर बुझ जाऊँगी!

निमिषों में संसार ढला है,
ज्वाला में उर-फूल पला है,
मिट-मिट कर नित मूल्य चुकाने—
को सपनों का भार मिला है!
जग की रेखा-रेखा में सुख-दुख का स्पन्दन भर जाऊँगी!

●

३९

पथ मेरा निर्वाण बन गया।
प्रति पग शत वरदान बन गया।

आज थके चरणों ने सूने तम में विद्युत-लोक बसाया,
बरसाती है रेणु चाँदनी की यह मेरी धूमिल, छाया,
प्रलय-मेघ भी गले मोतियों का हिम-तरल उफान बन गया!
अंजन-वदना चकित दिशाओं ने चित्रित अवगुंठन डाले,
रजनी ने मरकत-वीणा पर हँस किरणों के तार सँभाले
मेरे स्पन्दन से झंझा का हर-हर लय-संधान बन गया!
पारद-सी गल हुईं शिलाएँ दुर्गम नभ चन्दन-आँगन-सा,
अंगराग घनसार बनी रज, आतम सौरभ-आलेपन-सा,
शूलों का विष मृदु कलियों के नव मधुपर्क समान बन गया।
मिट-मिटकर हर साँस लिख रही शत-शत मिलन-विरह का लेखा,
निज को खोकर निमिष आँकते अनदेखे चरणों की रेखा!
पल भर का वह स्वप्न तुम्हारी युग-युग की पहचान बन गया!
देते हो तुम फेर हास मेरा निज करुणा-जलकणमय कर,
लौटाते हो अश्रु मुझे तुम अपनी स्मित के रंगों से भर,

आज मरण का दूत तुम्हें छू
मरा पाहुन प्राण बन गया!

४०

प्रिय मैं जो चित्र बना पाती।
सौरभ से जग भरने को जो
हँस अपना उर रीता करते,
नित चलने को अविरत झरते,
मैं उन मुरझाये फूलों पर
सन्ध्या के रंग जमा जाती!

निर्जन के भ्रान्त बटोही का
जो परिचय सुनने को मचले,
पथ दिखलाने पग थाम चले,
मैं पथ के संगी शूलों के
सौरभ के पंख लगा जाती!

जो नभ की जलती साँसों पर
हिम-लोक बनाने को गलता,
कण-कण में आने को घुलता,
उस घन की हर कम्पन पर मैं
शत-शत निर्वाण लुटा जाती!

जिसके पाषाणी मानस से
करुणा के शत वाहक पलते,
आँसू भर उर्म्मिल रथ चलते,
मैं ढाल चाँदनी में मधु-रस
गिरि का मृदु प्राण बता जाती!

आँखों से प्रतिपल मूल्य चुका
जिनको न गया पल लौटा मिला,
जिन पर चिर दुख-जलजात खिला,
मैं जग की चल निश्वासों में
अमरों की साध जगा जाती!

जो ले कम्पित लौ की तरणी
तम-सागर में अनजान बहा,
हँस पुलक, मरण का प्यार सहा,
मैं सस्मित बुझते दीपक में
सपनों का लोक बसा जाती!

सुधि-विद्युत् की तुली लेकर
मृदु मोम फलक-सा उर उन्मन,
मैं घोल अश्रु में ज्वाला-कण,
चिरमुक्त तुम्हीं को जीवन के
बन्धन हित विकल दिखा जाती!

●

४१

लौट जा ओ मलय-मारुत के झकोरे!

अतिथि रे अब रंगमय
मिश्री-घुला मधुपर्क कैसा?
मोतियों का अर्ध कैसा?
प्यालियाँ रीती कली की,
शून्य पल्लव के कटोरे!

भ्रमर-नूपुर रव गया थम
मूर्च्छिता भू-किन्नरी है,
मूक पिक की बंसरी है,
आज तो वानीर-वन के
भी गये निश्वास सो रे!

निठुर नयनों में दिवस के
मेघ का रच एक सपना,
तड़ित में भर पुलक अपना,
माँग नभ से स्नेह-रस, दे
विश्व की पलक भिगो रे!

लौटाना जब धूलि, पथ में
हो हरित अंचल बिछाये,
फूल मंगल-घट सजाये,
चरण छूने के लिये हों,
मृदुल तृण करते निहोरे!

●

४२

पूछता क्यों शेष कितनी रात?
अमर सम्पुट में ढला तू,
छू नखों की कांति चिर संकेत पर जिनके जला तू,
स्निग्ध सुधि जिनकी लिये कज्जल-दिशा में हँस चल तू!
परिधि बन घेरे तुझे वे उँगलियाँ अवदात!
भर गये खद्योत सारे,
तिमिर-वात्याचक्र में सब पिस गये अनमोल तारे,
बुझ गई पवि के हृदय में काँपकर विद्युत्-शिखा रे!
साथ तेरा चाहती एकाकिनी बरसात!
व्यंग्यमय है क्षितिज-घेरा
प्रश्नमय हर क्षण निठुर-सा पूछता परिचय बसेरा,
आज उत्तर हो सभी का ज्वालवाही श्वास तेरा!
छीजता है इधर तू उस ओर बढ़ता प्रात!
प्रणत लौ की आरती ले,
धूम-लेखा स्वर्ण-अक्षत नील-कुमकुम वारती ले,
मूक प्राणों में व्यथा की स्नेह-उज्ज्वल भारती ले,
मिल अरे बढ़, रहे यदि प्रलय झंझावात!
कौन भय की बात?
पूछता क्यों शेष कितनी रात?

●

४३

तुम्हारी बीन ही में बज रहे हैं बेसुरे सब तार!

मेरी साँस में आरोह,
उर अवरोह का संचार,
प्राणों में रही घिर घूमती चिर मूर्च्छना सुकुमार!

चितवन ज्वलित दीपक-गान,
दृग में सजल मेघ-मलार,
अभिनव मधुर उज्ज्वल स्वप्न शत-शत राग के शृंगार!

सम हर निमिष, प्रति पग ताल,
जीवन अमर स्वर-विस्तार,
मिटती लहरियों ने रच दिये कितने अमिट संसार!

तुम अपनी मिला लो बीन,
भर लो उँगलियों में प्यार,
घुल कर करुण लय में तरल विद्युत् की बहे झंकार!

फूलों से किरण की रेणु,
तारों से सुरभि का भार
बरस, बढ़ चले चौंके कणों से अजर मधु का ज्वार!

●

४४

तू भू के प्राणों का शतदल!

सित क्षीर-फेन हीरक-रज से
जो हुए चाँदनी में निर्मित,
शरद की रेखाओं में चिर
चाँदी के रंगों से चित्रित,
खुल रहे दलों पर दल झलमल!

सपनों से सुरभित दृगजल ले
धोने मुख नित रजनी आती,
उड़ते रंगों के अंचल से
फिर पोंछ उषा सन्ध्या जाती,
तू चिर विस्मित तू चिर उज्ज्वल!

झीने मृदु स्वर्णिम तारों-सी
किरणों के मिस केसर झरती,
हल्के आतप में रस-भीनी
शतरंगी रज बरसा करती,
निर्झर में बहता मधु अविरल!

सीपी से नीलम से द्युतिमय,
कुछ पिंग अरुण कुछ सित श्यामल,
कुछ सुख-चंचल कुछ दुख-मंथर
फैले तम से कुछ तल वरल,
मंडराते शत-शत अलि बादल!

युगव्यापी अनगिन जीवन के
अर्चन से हिम-शृंगार किये,
पल-पल विहसित क्षण-क्षण विकसित
बिन मुरझाये उपहार लिये,
घेरे है तू नभ के पदतल!

ओ पुलकाकुल, तू दे दिव को
नत भू के प्राणों का परिचय,
कम्पित, उर विजड़ित अधरों की
साधों का चिरजीवित संचय,
तू वज्र-कठिन किशलय-कोमल?
तू भू के प्राणों का शतदल?

●

४५

पुजारी दीप कहीं सोता है!

जो दृग दानों के आभारी,
उर वरदानों के व्यापारी,
जिन अधरों पर काँप रही है
अनमाँगी भिक्षाएँ सारी,
वे थकते, हर साँस सौंप देने को यह रोता है।

कुम्हला चले प्रसून सुहासी,
धू रही पाषाण समा-सी,
झरा धूल-सा चन्दन, छाई
निर्माल्यों में दीन उदासी!
मुस्कानें बन लौट रहे यह जितने पल खोता है!

इस चितवन की अमिट निशानी,
अंगारे का पारस-पानी,
इसको छूकर लौह-तिमिर
लिखने लगता है स्वर्ण-कहानी!
किरणों के अंकुर बनते यह जो सपने बोता है,

गर्जन के शंखों से हो के,
आने दो झंझा के झोंके,
खोलो रुद्ध झरोखे, मन्दिर
के न रहो द्वारों को रोके?
हर झोंके पर प्रणत, इष्ट के धूमिल पग धोता है?

लय-छंदों में जग बँध जाता,
सित धन-विहग पंख फैलाता,
विद्रुम के रथ पर आता दिन
जब मोती की रेणु उड़ाता,
उसकी स्मित का आदि, अन्त इसके पथ का होता है?

४६

घिरती रहे रात!
न पथ रूँधतीं ये
गगन तम शिलायें
गति रोक पातीं,
पिघल मिल दिशायें
चली मुक्त मैं ज्यों मलय की मधुरवात
घिरती रहे रात!

न आँसू गिने औ,
न काँटे सँजोये,
न पगचाप दिग्भ्रान्त;
उच्छ्वास खोये,
मुझे भेंटता हर पलक-प्रात में प्रात!
घिरती रहे रात!

नयन ज्योति वह
यह हृदय का सबेरा,
अतल सत्य प्रिय का,
लहर स्वप्न मेरा,
कही चिर विरह ने मिलन की नई बात!
घिरती रहे रात!

स्वजन, स्वर्ण कैसा
न जो ज्वाल धोया?
हँसा कब तड़ित् में
न जो मेघ रोया?
लिया साध ने तोल अंगार-संघात!
घिरती रहे रात!

जल दीप को
फूल का प्राण दे दो,
खा लय भरी,
साँस को दान दे दो,
खिल अग्नि-पथ में सजल मुक्ति-जलजात!
घिरती रहे रात!

●

४७

जग अपना भाता है!
मुझे प्रिय पथ अपना भाता है!

ये साँसें दे हँस कर सोते,
वे दीपित दृग निशि भर रोते,
तारों से सुकुमार तृणों का
कब टूटा नाता है!
हास में आँसू ढुल जाता है!

अपनी साधों का सम्बल दे,
मिट-मिट कर मिटने का बल दे,
दीपक को, यह शलभ
प्रात से मिलना सिखलाता है!
पंख मिस स्मृतियाँ बिखराता है!

निज रस भाग जिसे दे पाला,
सजग जिसे दिन-रात सँभाला,
क्षार हुआ वह फूल
शूल तब पथ में बिछ जाता है!
कथा हर पग से दोहराता है!

आहटहीन चला जब हौले,
कलियों ने भी पलक न खोले,
इन साँसों का बन्धु वही
जब झंझा बन जाता है,
सिन्धु मथ गिरि से टकराता है!

यह सागर का चंचल छौना
नाप शून्य का कोना-कोना,
पढ़ भू का संकेत
धूलि में मोती बन आता है!
रूप का अम्बर फैलाता है!

ये मधु-पतझर साँझ सबेरे,
मृदु पग से देते नित फेरे,
इनके पीछे दौड़ प्रलय
क्या छाया छू पाता है!
तिमिर में थक-थक रह जाता है?

पहुँच न पातीं जग की आँखें?
राह न पातीं मन की पाँखें,
जीवन को उस ओर
स्वप्न शिशु पल में पहुँचाता है!
बिना पथ ले जाता लाता है!

नयनों ने उर को कब देखा
हृदय न जाना दृग का लेखा,
आग एक में और
दूसरा सागर ढुलकाता है
धुला यह वह निखरा आता है

और कहेंगे मुक्ति-कहानी,
मैं ने धूलि-व्यथा भर जानी,
हर कण को छू प्राण
पुलक-बन्धन में बँध जाता है!
मिलन-उत्सव बन क्षण आता है!
मुझे प्रिय जग अपना भाता है!

●

४८

मैं चिर पथिक वेदना का लिये न्यास!

कुछ अश्रु-कण पास!
चिर बंधु पथ आप,
पगचाप संलाप,
दूरी क्षितिज की परिधि ही रही नाप,
हर पल मुझे छाँह हर साँस आवास!

बादल रहे खेल,
गा गीत अनमेल,
फैला तरल मोतियों की अमरबेल,
पविपात है व्योम का मुग्ध परिहास!

रोके निठुर लू,
थामे कठिन शूल,
पथ में बिछें या हँसे व्यंग्यमय फूल,
सबका चरण लिख रहे स्नेह-इतिहास!

कण हैं रजत-दीप,
तृण स्वप्न के सीप,
प्रति पग सुरभि की लहर ही रही लीप,
हर पत्र नक्षत्र हर डाल आकाश!

●

४९

मेरे ओ विहग से गान!

सो रहे उर-नीड़ में मृदु पंख सुख-दुख के समेटे,
सघन विस्मृति में उनींदी अलस पलकों को लपेटे,
तिमिर सागर से धुले,
दिशि-कूल से अनजान।

खोजता तुमको कहाँ से आ गया आलोक-सपना?
चौंक तोले पंख तुमको याद आया कौन अपना?
कुहर में तुम उड़ चले
किस छाँह को पहचान?

शून्य में यह साध-बोझिल पंख रचते रश्मि-रेखा,
गति तुम्हारी रंग गई परिचित रंगों से पथ अदेखा,
एक कम्पन कर रही
शत इन्द्रधनु निर्माण!

तर तम-जल में जिन्होंने ज्योति के बुद्बुद जगाये,
वे सजीले स्वर तुम्हारे क्षितिज सीमा बाँध आये,
हँस उठा अब अरुण शतदल-
सा ज्वलित दिनमान!

नभ, अपरिमित में भले हो पंथ का साथी सबेरा,
खोज का पर अन्त है यह तृण-कणों का लघु बसेरा,
तुम उड़ो ले धूलि का,
करुणा-सजल वरदान!

●

५०

सजल है कितना सवेरा!

गहन तम में जो कथा इसकी न भूला,
अश्रु उस नभ के, चढ़ा शिर फूल फूला
झूम-झुक-झुक कह रहा हर श्वास तेरा!

राख से अंगार-तारे झर चले हैं,
धूप बन्दी रंग के निर्झर खुले हैं,
खोलता है पंख रूपों में अँधेरा!

कल्पना निज देख कर साकार होते,
और उसमें प्राण का संचार होते,
सो गया रख तूलिका दीपक चितेरा,

अलस पलकों से पता अपना मिटा कर,
मृदुल तिनकों में व्यथा अपनी छिपा कर,
नयन छोड़े स्वप्न ने, जग ने बसेरा!

ले उषा ने किरण-अक्षत हास-रोली,
रात अंकों से पराजय-राख धो ली,
राग ने फिर साँस का सार घेरा,

●

५१

अलि मैं कण-कण को जान चली
सबका क्रन्दन पहचान चली!

जो दृग में हीरक-जल भरते,
जो चितवन इन्द्रधनुष करते,
टूटे सपनों के मनकों से
जो सूखे अधरों पर झरते!

जिस मुक्ताहल से मेघ भरे,
जो तारों से तृण में उतरे,
मैं नभ के रज के रस-विष के
आँसू के सब रंग जान चली!
दुख को कर सुख-आख्यान चली!

जिसका मीठा-तीखा दंशन,
अंगों में भरता सुख-सिहरन,
जो पग में चुभ कर कर देता,
जर्जर मानस चिर आहत मन,

जो मृदु फूलों के स्पन्दन से,
जो पैना एकाकीपन से,
मैं उपवन निर्जन पथ के हर
कंटक का मृदु मन जान चली!
गति का दे चिर वरदान चली!

जो जल में विद्युत्-प्यास भरा
जो आतप में जल-जल निखरा,
जो झरते फूलों पर देता
निज चन्दन-सी ममता बिखरा,

जो आँसू से धुल-धुल उजला,
जो निष्ठुर चरणों का कुचला,
मैं मरु उर्वर में कसक भरे
अणु-अणु का कम्पन जान चली,
प्रति पग को कर लयवान चली?

नभ मेरा सपना स्वर्ण-रजत,
जग संगी अपना चिर विस्मित
यह शूल-फूल का चिर नूतन
पथ मेरी साधों में निर्मित!

इन आँखों के रस से गीली!
रज भी है दिव से गर्वीली!
मैं सुख से चंचल दुख-बोझिल
क्षण-क्षण का जीवन जान चली!
मिटने को कर निर्माण चली!